기부자를 움직이는 글쓰기
실제 현장에서 검증된 모금액 높이기 전략

아름다운북

아름다운재단 나눔북스 19

기부자를 움직이는 글쓰기
실제 현장에서 검증된 모금액 높이기 전략

2025년 1월 31일 발행
2025년 1월 31일 1쇄

지은이	제프 브룩스
옮긴이	권은경
발행자	한찬희
발행처	아름다운북
주소	03035 서울특별시 종로구 자하문로19길 6
전화	(02) 766-1004(代)
등록	제2006-000150호(2006.10.25)
홈페이지	http://research.beautifulfund.org
전자우편	research@bf.or.kr
책임편집	신성규
북디자인	디엔에이디자인
제작	해든디앤피

ISBN 978-89-93842-71-5
ISBN 978-89-93842-69-2 (세트)

책값은 뒤표지에 있습니다.

아름다운재단 나눔북스 19

기부자를 움직이는 글쓰기

실제 현장에서 검증된 모금액 높이기 전략

제프 브룩스 지음 | 권은경 옮김

아름다운북

The Fundraiser's Guide to Irresistible Communications
Real-World, Field-Tested Strategies for Raising More Money

by Jeff Brooks

Original work copyright ⓒ 2022 by Jeff Brooks. All rights reserved.

This Korean edition was published by THE BEAUTIFUL FOUNDATION. Korean Translation rights arranged with The Hilborn Group Ltd through EYA Co.,Ltd.

이 책의 한국어 판권은 ㈜이와이에이를 통하여 저작권자와 독점 계약한 아름다운재단에 있습니다.

차례

1부 모금 글쓰기의 문제 ... 7
01 절박성의 중요성 ... 13
02 읽기 쉽게 쓸 것 ... 19
03 긴 글이 더 효과적이다 ... 23
04 모금가의 문법 ... 29

2부 모금 글쓰기의 내용 ... 37
05 통계가 아니라 스토리로 설득하라 ... 41
06 단순성을 유지할 것 ... 51
07 모든 것은 기부자 중심으로 할 것 ... 57
08 나쁜 소식과 좋은 소식이 있다 ... 65
09 명확한 콜투액션을 하라 ... 69
10 추신. 당신을 사랑합니다 ... 77

3부 모금 글쓰기의 디자인 ... 81
11 노안을 배려하는 디자인 ... 85
12 강조를 아끼지 말라 ... 93
13 이미지를 효과적으로 사용할 것 ... 97
14 단순하고 진부하며 분명하게 ... 105

4부 모금의 멘탈 게임 ... 115
15 자기중심적 모금 ... 121
16 모금가라면 꼭 알아야 할 기부자의 특징 3가지 ... 133
17 모금을 방해하는 잘못된 통념 3가지 ... 143
18 모금가라서 자랑스럽다 ... 151

제1부

모금 글쓰기의 문체

새로운 책임자가 조직에 합류했다. 상업 마케팅에 풍부한 경험을 지닌 사람이 자원개발 부서를 맡게 되었다. 그녀는 아침 식사용 시리얼을 수십억 원어치나 판매했었다. 아니면 소프트웨어였던가? 무엇이었든 간에 똑똑하며 경험이 많고 진정으로 변화를 주도하는 사람이다. 모두 그녀가 가져올 변화에 들떠 있다.

새 국장이 취한 첫 번째 조치 중 하나는 모금 프로그램에 대한 점검을 시행하는 것이다. 그녀가 내린 결론은 가혹하다. "우리의 메시지 전달은 독창적이지 않다. 시대에 뒤떨어진다. 확실한 브랜드가 부족하다."

지시가 내려온다. 전면 재검토!

그래서 모든 것이 바뀐다. 세련된 새 로고! 현란하고 모던한 활자! 최신 유행하는 색! 단조롭고 오래된 기부 권유를 거창한 "브랜드 약속"으로 대체한다. 단체의 장점을 선전하기 위한 재미있는 유튜브 영상에 유명인을 섭외해서 출연시킨다.

그러자 모금 실적이 감소한다. 계속 감소한다. 그러다 곤두박질친다.

새 국장은 조용히 사임하고 이전에 몸담았던 분야로 돌아가 그곳에서 남은 경력 동안 행복하게 소프트웨어(시리얼?)를 판매할 것이다. 조직이 사업 방침을 바로잡고 변화 이전에 발생했던 모금 실적을 회복하는 데 일 년가량이 걸린다.

나는 이런 시나리오가 매번 반복되는 것을 보았다. 외부에서 온 인물이 모금 분야의 특성을 작정하고 무시할 때는 거의 언제나 이런 일이 일어난다.

이 이야기의 교훈. 모금은 전문 영역이다. 모금에는 상당한 지식과 일련의 원칙이 있다. 비전문가나 자원봉사자가 주먹구구식으로 짜깁기해서 만든 괴물이 아니다. 상업 마케팅이 단순하게 변형된 활동도 아니다.

모금 분야에 종사하는 많은 사람이 모금가가 되기 전에 다른 일을 했다. 그것은 모두가 각자 배우는 과정에 있다는 의미이다. 특히 커뮤니케이션과 글쓰기에 관해서는.

모금 글쓰기의 문체는 다르다. 조금 충격적일 수도 있다. 여러분이 일반적인 업무상 글쓰기를 경험해 왔다면, 모금 글쓰기가 격식도 너무 없고, 너무 사적이며, 너무 절박하다고 생각할 것이다.

저널리즘 수업에서 글을 쓰는 법을 배웠다면, 모금 글쓰기가 주관적이고 감각에 호소하는 데다 지루하게 반복된다고 생각할 것이다.

학계에 몸담고 있다면, 모금 글쓰기가 산만하고 감정적이면서 지나치게 단순하다고 생각할 것이다.

상업 광고 분야에서 왔다면, 모금 글쓰기가 따분하고 구식이라고 생각할 것이다.

모금에서 확립된 생소한 글쓰기 방식은 수십 년간의 경험과 시행착오를 통해 직접 검증한 결과물이다. 무엇이 효과가 있고 무엇이 효과가 없는지 보여준다.

이렇게 검증이 가능하다는 점은 큰 이점이다. 다른 분야에서 글을 쓰는 사람은 대부분 자신이 쓴 글이 실제 효과가 있는지 잘 모른다. 저널리스트가 기사를 쓸 때, 분명하고 정확하게 정보를 전달하는 기사의 목적을 달성했는지 어떻게 아는가? 훈련과 경험에 근거한 자신의 판단에 의존한다. 편집장에게 평을 듣는다. 기사가 발행되면, 독자평을 통해 기사를 잘 썼는지 가늠해 볼 수도 있겠다.

하지만 사실 저널리스트는 성공을 짐작만 할 뿐이다. 얼마나 많은 독자가 이해했는지, 얼마나 잘 이해했는지 결코 정확히 알지 못한다.

반면 모금 활동에서는 얼마나 많은 기부자가 메시지에 반응하는지 **정**

확히 안다. 각자가 기부한 금액도 알고 있다. 얼마나 많은 사람이 다시 기부했는지, 얼마나 많이, 얼마나 자주 했는지도 알 수 있다. 특히 이메일은 얼마나 많은 사람이 메시지를 열어보았고, 또 얼마나 많은 사람이 '바로 가기' 링크를 클릭해서 웹사이트를 방문했으나 아직 기부하지 않았는지와 같이 훨씬 더 많은 것을 알 수 있다.

그 숫자들이 만족스럽지 않을 때, 우리는 변화가 필요하다는 것을 안다.

다음 몇 장에서 소개되는 모든 내용은 검증과 경험을 바탕으로 한다. 내가 다룰 모금 글쓰기 방식 가운데 일부는 여러분을 귀찮게 할 것이다 (아놔, **나도** 귀찮아). 바꿀 수 있다면 이 방식을 바꾸고 싶다. 하지만 대의를 위해 모금하는 것이 나의 책무이자 여러분의 책무이다. 여러분이나 나에게는 모금 사업을 희생하면서까지 우리의 취향이나 선호를 도입할 권리가 없다.

이 책을 통해 모금 글쓰기의 독특한 문제를 이해하고 더 나아가 즐기게 되기를 바란다. 그 방식들을 싫어하거나 불신하는 단계를 넘어서면, 삶의 질을 높이는 명분에 쓰일 자금을 더 많이 창출하는 더 나은, 더 깊은 기쁨을 맛보기 시작할 것이다.

01
절박성의 중요성

남자가 쓰러졌다! 심장마비인 것 같다. 여러분은 그의 목숨이 위태로울 수 있다고 생각하면서 재빨리 대처한다.

심폐소생술 교육을 받은 당신이라면 제일 먼저 할 일 중 하나가 주변 사람 중 한 명을 골라 지목하며 "선생님, 119에 신고하세요!"라고 큰 소리로 말하는 것임을 안다.

"누가 119에 전화 좀 해주세요."라고 소리치면 왜 안 되는가? 어쨌든 누구든 전화할 것이다. 하지만 심폐소생술 교육은 한 사람에게 모든 책임을 맡겨야 한다는 사실을 분명히 하고 있다. 그렇게 하지 않으면 구경하는 사람 모두가 '다른 누군가 하겠지'라고 생각하고, 아무도 생명을 구하는 전화를 걸지 않을 가능성이 있다(실제로 그럴 것이다).

모금에는 이와 같은 간절한 절박함이 필요하다. 절박함이 없다면, 예컨대 "누가 119에 전화 좀 해주세요!"와 같이 말한다면, 우리는 같은 결과를 얻게 된다. 모든 사람이 나 아닌 누군가가 알아서 기부하리라 생각한다. 하지만 아무도 할 것 같지 않다.

이를 기부자의 관점에서 생각해 보자. 난데없이 여러분이 보낸 모금 메시지가 나타난다. 기부자는 다른 일을 하고 있었고 여러분이 보내는 메시지를 기다리고 있지 않았다. 기부자가 행동을 취할 가능성은 그리 높지 않다.

기부자 대부분은 '지금 당장' 기부해야 할 이유가 있지 않으면 하지 않을 것이다. 그들의 관심이 필요한 무언가를 하러 자리를 뜰 것이다. 전화가 울리고 있다. 개를 산책시켜야 한다. 또는 지금 당장 돈이 필요한 또 다른 단체에서 긴급한 요청이 온다.

기부자를 행동하지 않는 상태에서 행동하는 상태로 움직여야만 기부금이 확보된다. 그리고 그렇게 하려면 여러분의 글에 다음과 같이 절박성의 3요소를 담아야 한다.

1. 여러분의 콜투액션call to action; CTA은 **즉각적인** 행동을 요구해야 한다. 생각해 보고 나중에 얘기해 달라는 것이 아니다. 대의에 개괄적인 동의만 하라는 것이 아니다. 반응을 보이라는 것이다. 지금 당장.
2. 여러분이 보내는 메시지는 핵심 문제가 무엇인지, 즉 기부자가 기부하지 않으면 일어날지도 모르는 일이 무엇인지를 분명히 전달해야 한다.
3. **단 한 사람에게** 말한다. TV와 같은 대중 매체를 이용할 때도, 여러분이 보내는 메시지는 지켜보기만 하는 단 한 명을 가리키며 "당신, 지금 기부하세요!"라고 말해야 한다.

이러한 각각의 요소를 살펴보자.

1. 즉각적인 행동

절박성은 절대 교묘하게 고액의 기부금을 권하거나 관심을 끄는 활자를 사용하는 것과 같이 메시지에 덧붙이는 '기법'이 되어서는 안 된다. 언제나 상황에 대해 진심에서 우러난 대응, 즉 심장마비 환자 곁에 무릎을 꿇고 있을 때 대처하는 방식이 되어야 한다.

"왜 3개월을 기다리지 말고 오늘 행동을 취해야 하는가?"라고 자신에게 질문을 던져 절박하게 굴어야 하는 이유를 정확히 밝혀 보라. 다음과 같은 답을 생각해 낼 것이다.

- ▶ 신속히 돕지 않으면 사람들이 생존하지 못할 수도 있다. (**난민촌에서 식량이 바닥나고, 아이들이 매일 배고픔에 허덕이고 있습니다.**)
- ▶ 기회의 창이 닫힐 것이다. (**역사적 건축물을 보수할 자금을 제때 모금하지 못하면, 건물이 철거될 겁니다.**)
- ▶ 상황이 바뀌고 있다. (**우리의 대응을 막을 새로운 법안이 곧 시행됩니다.**)

희소성은 절박성의 또 다른 원천이다. 기부자가 미루면 기회를 날릴 다음과 같은 상황이 있다.

- ▶ 매칭 펀드. (**7천만 원까지만 매칭되니, 지금 바로 기부하세요. 당신의 기부금이 2배가 됩니다.**)
- ▶ 기회가 많지 않다. (**위기에 처한 습지가 40만 제곱미터나 됩니다. 그 소중한 습지를 하나라도 구하려면 서둘러야 합니다.**) 또는 이렇게도 할 수 있다. (**로비에 기부자 명패를 걸 자리가 250개밖에 남지 않았습니다.**)

마지막으로 마감일을 더욱 구체적으로 정해서 긴박감을 높일 수 있다 (모금 활동의 가장 효과적인 마감일 중 하나는 12월 31일이다).

마감일은 실제 날짜와 연계될 때 가장 효과가 크다. (**학기가 6월 15일에 끝납니다. 도움이 필요한 아이들에게 점심 제공을 시작해야 하는 날입니다.**) 그러나 마감일을 임의로 정하더라도 기부자는 미루지 않고 기부한다.

2. 핵심 문제가 무엇인지

누군가 길에서 쓰러진다고 할 때 핵심 문제가 무엇인지는 분명하다. 말 그대로 목숨이 경각에 달려 당장 조치가 필요한 상황이다. 하지만 모금할 때 저 정도의 분명함을 기대할 수는 없다. 기부자들은 그들의 기부금이 **중요하다**고, 기부하지 **않으면** 끔찍한 결과가 발생할 수 있다고 말해야 비로소 핵심 문제가 무엇인지 안다. 핵심 문제를 명확하게 전달하라.

- ▶ 이 땅을 보존하지 않으면 난개발로 인해 영영 잃게 될 겁니다. 우리의 아이들과 후손은 절대 대성당만한 숲에 서 있지도, 그 숲에서 우는 까마귀 소리를 듣지도 못할 겁니다.
- ▶ 알츠하이머병 연구가 진행될 수 있도록 제발 도와주세요. 사랑하는 누군가와 어쩌면 당신 자신도 언젠가 알츠하이머병에 걸릴 수 있습니다. 당신에게 치료가 필요할 때 쓸 수도 있는 치료법의 기틀을 마련하는 데 지금 당신의 기부금이 큰 힘이 됩니다!
- ▶ 겨울이 코앞으로 다가왔어요. 한 노숙인이 매서운 추위가 시작되기 전에 길거리를 벗어나는 데 지금 당신의 기부금이

큰 힘이 됩니다.

3. 한 번에 한 명씩

모금가의 입장에 있는 여러분은 큰 그림을 볼 수 있다. 많은 사람에게 기부해달라고 요청하고, 현실적으로 그들의 단 5퍼센트만 기부하더라도 여러분과 조직은 괜찮을 것이다. 하지만 이런 생각은 여러분을 실패의 길로 유혹하는 달콤한 망상에 불과하다. 이런 식으로 생각하면 절박성과 효과성을 모두 잃은 모금 활동을 하게 될 것이다.

우리는 매번 **100퍼센트의 응답률**을 목표로 해야 한다. 각각의 기부자 모두와 솔직하게 직접 소통하라. 그것이 여러분에게 필요한 5퍼센트를 얻을 유일한 방법이다. 만약 5퍼센트를 모금하려는 듯 소통한다면, 1퍼센트 정도밖에 못 얻을 것이다.

사람들이 기부하지 않는 주된 이유 중 하나는 **자신의 기부금이 사소하다고 생각하는** 데 있다. "내 돈 3만 원은 변화를 일으키기에는 너무 적어. 굳이 기부할 필요가 있을까?"

기부자가 그런 식으로 생각한다면 **우리의 잘못이다**. 우리는 절박성을 충분히 전하고 있지 않다. 비록 기부자는 액수가 적다고 생각할지라도, 각 기부금이 매우 중요하고 당장 필요하며 **세상을 바꿀 수 있다는** 사실을 보여주지 못했다. 기부자는 이와 같은 말을 분명히 들어야 한다.

▶ 당신의 기부금은 배고픈 사람의 한 끼를 해결합니다.
▶ 당신의 기부금은 새끼 물개들이 몽둥이에 맞아 죽지 않도록 막아

줍니다.
- ▶ 당신의 기부금은 우리 지역 젊은이들의 삶을 변화시키는 연극의 힘을 강하게 지지합니다.
- ▶ 당신의 기부금으로 우리 모두는 암 정복에 훨씬 더 가까이 다가갈 수 있습니다.

'당신의 기부금은 현재 진행 중인 사업에 보탬이 됩니다.'와 같은 표현은 절박성을 잃은 전형적인 접근법이다. 이 표현에서 한 개인의 기부금은 작고 사소해 보인다. 감정에 호소하는 힘도 부족하다. 그토록 많은 단체가 모금하느라 애를 먹는 것도 별로 놀라운 일이 아니다!

기부자가 절박한 모금 메시지를 받을 때, 그들은 자신에게 세상을 더 나은 곳으로 만드는 역할이 있다는 사실을 안다. 그들의 기부금이 얼마나 중요한지 알고 신이 난다. 당장 응답해야 한다고 생각한다. 또 당장 응답하고 **싶어 한다**!

기부자들이 이런 메시지를 받을 때 여러분은 제대로 일을 해낸 것이다. 여러분은 진정한 모금가다.

02

읽기 쉽게 쓸 것

여러분이 프랑스의 철학자 자크 데리다^{Jacques Derrida}의 아무 책이나 포함된 필독서 목록을 과제로 받은 엄청난 불운을 겪었다면, 진심으로 위로의 말을 전한다. 데리다 교수의 철학서를 읽느라 대단히 고생했을(하지만 많이 이해하지는 못했을) 것이 뻔한데, 데리다의 책이 가독성 테스트에서 일반적으로 박사 2년 차 정도의 굉장히 높은 수준을 보이기 때문이다.

미안합니다. 그 문단은 읽기가 너무 힘들어요. 죄송합니다. 그 문단의 가독성이 박사 1년 차 수준이네요. 데리다의 책만큼이나 높아요! 많은 사람이 그런 글을 읽어내지 못할걸요. 이 문단은 훨씬 쉬워요. 이 문단의 가독성은 초등학교 4학년 수준이네요.

첫 문단의 박사 1년 차 수준과 둘째 문단의 초등학교 4학년 수준 사이에는 중요한 차이가 있다. 모금 활동에서 그 차이는 성공 또는 실패를 의미할 수 있다.

짧은 문장과 **짧은 단어**로 된 글이 읽기 쉽다. 그런 글에는 생각이 멈추지 않고 꼬리에 꼬리를 무는 문장이 없다(마르셀 프루스트^{Marcel Proust}나 월

리엄 포크너$^{\text{William Faulkner}}$를 생각하라). **다중음절어**와 같은 다중음절어도 거의 쓰이지 않는다.

기부자가 모금 메시지를 읽기 위해 애써 노력해야 한다면 대개는 굳이 읽으려 하지 않을 것이다. 읽기를 멈출 것이다. 읽지 않는다면 반응을 보이지도 않을 것이다.

이는 기부자들이 무지하거나 무관심하기 때문이 아니다. 집중은 힘든 일이며, 사람들 대부분이 이미 관심을 가지는 다른 일에 온통 정신을 쏟고 있다. 여러분은 매 순간 그들의 관심을 끌어야 하는데, 가장 좋은 방법 가운데 하나는 읽기 쉽게 글을 쓰는 것이다.

가장 널리 알려진 가독성 측정 도구는 플레시-킨케이드 학년 수준$^{\text{Flesch-Kincaid Grade Level}}$이다. 주어진 글의 학년 수준을 산출하기 위해 문장의 길이와 긴 단어의 수를 살펴보는 기준이다. 마이크로소프트 워드는 문법을 검사하는 기능의 일부로 플레시-킨케이드 학년 수준을 산출한다. 구글의 '플레시 킨케이드'와 같은 온라인 계산기를 찾을 수도 있다.

효과적인 모금 글은 초등학교 4학년에서 6학년 정도의 가독성 수준을 유지한다.

초등학교 6학년 수준 이상이면 읽을 때 집중력이 좀 더 필요하다. 독자가 속도를 늦춰야 한다. 만약 바쁘면 대충 훑어보거나 중단할 것이다.

글이 고3 수준 이상이면 전력을 다해야 하는 고된 일이다. 억지로 시키지 않는다면 애써 읽을 사람은 거의 없을 것이다. 필독서 목록에 있는 데리다의 책을 읽어야 하는 불쌍한 공붓벌레처럼.

어떤 모금가는 실제로 높은 학년 수준을 유지하며 글을 쓰려고 애쓴다. 학년 수준이 교육 수준을 의미한다고 잘못짚고는 공을 들이고 있다. 대학 교육을 받은 독자를 대상으로 쓰는 글은 대학교 1학년이나 그 이상 수준이 아니면 부적절하리라 생각한다.

그런 잘못된 생각 때문에 아무도 읽지 않는 글을 대량으로 만들어 낸다. 그런 일이 여러분의 모금 활동에 일어나서는 안 된다!

가장 중요한 진실 가운데 하나를 말해 주겠다. 가독성은 **교육과 무관**하다. **지성과는 더더욱 무관**하다.

초등학교 6학년 수준의 글이 초등학교 6학년만 읽으라고 쓴 것이 아니다. 단지 읽기 더 쉬울 뿐이다. 얼마나 교육을 잘 받았든 상관없이 모두에게 더 쉽다.

낮은 학년 수준의 글쓰기를 친절의 한 형태로 생각해 보라. 말할 때 또렷이 발음하는 것과 같다. 또는 깔끔한 손글씨로 쓰는 것과 같다. 가장 지적인 박사 학위소지자라도 명확한 소통에 감사하며 반응을 보일 것이다.

사실 고등교육을 받은 사람들은 대부분 가장 바쁜 축에 속한다. 그들은 어려운 글을 읽을 능력을 충분히 갖추고 있지만, 여러분이 분명하고 쉬운 말로 글을 쓴다면 더 빠르게 읽고 더 신속히 요점을 파악할 수 있을 것이다. 똑똑하며 학식이 있고 바쁜 사람이 신속하고 쉬운 일 처리를 원치 않는 상황을 상상할 수 있는가?

낮은 학년 수준의 글쓰기는 사실 어렵다. 여러분의 초고는 너무 수준이 높다(나의 초고는 늘 수준이 높다). 다행스럽게도 이를 바로잡는 방법은 간단하다. 아래 두 가지 사항에만 집중하라.

1. 짧은 문장을 유지하라. 문장 길이가 30단어가 넘으면 둘 이상의 더 짧은 문장으로 나눌지 고민해야 한다. 못 갖춘 문장으로 쓰는 것을 두려워하지 말라. 심지어 한두 단어라도 괜찮다.

긴 문장이라고 모두 둘로 나눌 수 있는 것은 아니다. 나뉜 문장들이 깔끔하지 않거나 이해하기 어려울 수 있다. 이런 문장은 다시 생각해서 다시 써야 한다.

2. 긴 단어를 몰아내라. 단어가 세 글자가 넘는다 싶을 때마다 자신에게 물어보라. 대체해도 될 짧은 단어가 있는가? **뒷바라지** 대신 **도움**을, **유발하다** 대신 **낳다**를, **활용하다** 대신 **쓰다**를 써라.

긴 단어를 모두 없앨 필요는 없다(많은 경우에 **작은창자**가 **소장**보다 더 적절하다). 하지만 긴 단어가 적을수록 메시지는 읽기가 더 쉬울 것이다.

학년 수준이 너무 낮을 가능성도 있다. 초등학교 3학년 이하 수준이 되면, 글은 어린이 책처럼 뚝뚝 끊어지고 종잡을 수 없게 느껴질 수 있다. **딕 뛰네. 딕 뛴다. 딕 뛰어 뛰어!** 최고의 작가는 유치하지 않으면서도 아주 낮은 학년 수준으로 훌륭한 글을 쓸 줄 안다. 어니스트 헤밍웨이 Ernest Hemingway의 작품은 초등학교 4학년 정도 수준에 머무른다. 그래도 헤밍웨이의 글이 유치하다고 비난하는 사람은 별로 없을 것이다.

하지만 나머지 우리는? 초등학교 4학년에서 6학년 수준을 유지하라.

03

긴 글이 더 효과적이다

루스 고모가 방긋방긋 웃고 계셨다. 기분이 좋으신지 발그레하게. 이해가 안 됐다.

여든이 다 된 고모가 그날 온 우편물을 막 가지고 오셨다. 우편물이 많았는데, 개중엔 기부해달라는 우편물도 더러 있었다. 고모가 하나를 뜯지도 않고 던져버리셨다. 나머지 우편물은 안락의자 옆 작은 탁자 위에 놓으셨다. 웃으시면서. 연신.

누군가 "주말에 스키 타러 간당."이라고 말하는 투로 고모가 말씀하셨다. "이제부터 우편물 읽을 거당."

문득 이런 생각이 들었다. 루스 고모가 **우편물 읽기를 좋아하시는구나**. 심지어 '찌라시'도 좋아하신다. 보내라고 한 적도 없는 이 편지들은 고모에게 귀찮은 모금 전략이 아니다. 관심 가는 사람과 대의를 이어주는 가교이다.

한번은 고모가 내게 전화로 기부 요청 편지에서 보셨던 내용을 말했다. "아이 한 명이 시각장애인이 되지 않도록 하는 데 고작 200원밖에 들지 않는다는 사실을 알고 있었니? 200원이라니!" 그것은 고모에게 기발한 홍보 문안이 아니었다. 흥미 있는 한 편의 뉴스였다. 공유할 가치가 있는 중요한 사실이었다.

루스 고모는 독자다. 고모가 우편물을 좋아하는 게 이상해 보일 수도 있지만, 기부자들에게는 흔한 일이다.

모든 모금가에게는 루스 고모와 같은 사람이 필요하다. 다양한 사고방식에 대해 마음을 열어두기 때문인데, 많은 기부자가 **우리에게서 연락받는 것을 좋아한다**는 파격적인 발상도 하게 한다.

집배원이 가져오는 우편물을 읽는 이런 즐거움은 DM$^{Direct\ Mail}$이 모금 매체로서 왜 그토록 효과적인지를 이해하는 데 도움이 된다. 그 즐거움으로 인해 그다음으로 효과적인 전화의 매력이 작아 보일 정도다. 또 '왜 긴 글이 짧은 글보다 일반적으로 모금에 더 효과적일까'라는 훨씬 더 큰 수수께끼에 대한 이유도 밝히고 있다.

나는 긴 편지를 질색한다. 그 편지가 바로 요점에 도달하기를 바란다. 여러분도 틀림없이 긴 편지를 좋아하지 않을 것이다. 그렇지만 긴 글은 효과가 있다.

나는 긴 글과 짧은 글의 효과를 비교하는 실험을 여러 차례 했다. DM의 경우에는 열 번 중 한 번꼴로만 짧은 글이 더 효과적이다(다만 긴급한 모금에는 짧은 글이 더 효과적인 경향이 있다).

하지만 더 나은 기부 요청 방법을 찾고 싶다면 다른 페이지를 추가하는 것만으로도 충분하다. 틀림없이 반응도가 획기적으로 나아진다. 종종 평균 기부액도 증가시킬 수 있다.

DM에서만큼 확실하지는 않지만, 이는 이메일에서도 사실이다. 내 경험상 긴 이메일과 짧은 이메일을 보낼 때 세 번 중 두 번꼴로 긴 이메일의 성과가 더 좋다. 동료한테 쓰는 이메일은 간결한 것이 미덕이겠으나, 대부분의 기부자에게는 장문의 이메일이 더 잘 통한다.

기부자들은 설문조사와 FGI에서 장문의 모금 메시지에 대해 자주 불평한다. 그들은 정확히 여러분이나 내가 하는 말을 한다. "나는 그렇게 긴 글을 읽을 시간이 없어요. 왜 바로 요점을 말하지 않을까요?"

그것은 그들이 하는 말이다. 현실에서는 기부자들이 긴 메시지에 더 자주 반응한다. 그 이유를 알 수 없지만 여기에 몇 가지 이론이 있다.

- ▶ **루스 고모 이론**: 많은 기부자는 그저 읽기를 즐긴다. 단어가 더 많다는 것은 읽는 기쁨이 더 크다는 의미이며, 연결 및 기부 가능성이 더 크다는 의미이기도 하다.
- ▶ **다중 트리거 이론**: 어떤 기부자들은 생명이 위협받는 긴급 상황을 떠올리도록 하면 기부하는 경향이 있다. 다른 기부자들은 많음을 강조하면 마음이 움직일 것이다. 글이 길수록 더 많은 트리거를 담을 수 있다.
- ▶ **사방치기 이론**: 첫 단어부터 시작해서 마지막 단어를 끝으로 여러분이 쓴 글을 모두 읽는 사람은 거의 없다. 아무나 한 사람을 골라 그 사람이 우편물을 읽는 것을 가만히 보라. 그 사람은 눈길이 닿는 곳에서 시작한다. 여기저기 읽다가 앞뒤로 획획 넘기며 어떤 부분은 통째로 건너뛰고 다른 부분은 한 번 이상 읽기도 한다. 한번은 내가 쓴 모금 호소문을 어머니가 읽으시는 것을 보았다(어머니는 내 글인 줄 모르셨다). 끝에서부터 시작해서 거꾸로 읽으셨다. 어머니가 읽으신 마지막 문장은 내가 정성스레 공들여 쓴 머리글이었다. 긴 편지는 진입점이 더 많다. 콜투액션도 더 많다. 여러분의 논리를

제1부 모금 글쓰기의 문제

따르고 있지 않은 독자가 들어올 기회도 더 많다.
- **위엄 이론**: 글이 길다는 사실 자체가 기부자의 잠재의식을 통해 그 글이 중요하다는 암시를 건넬 수도 있다. 메시지의 길이가 그들이 알아야 할 내용을 모두 말하고 있는 까닭에, 기부자는 모든 단어를 읽을 필요가 없을지도 모른다.

나는 최고의 긴 글에는 **반복**과 **스토리**라는 특성이 들어있음을 알게 됐다.

반복은 중요한 부분이다. 독자가 여러분이 한 말을 한 번 만에 이해했는지 알 수 없으므로 반복하라. 독자가 여러분의 말을 처음이나 두 번째에 알아들었는지 확신할 수 없으므로 반복하라. 때때로 여러 번 말할 때까지 충분히 이해되지 않으므로 반복하라. 어떤 설득 방식이 받아들여질지 절대 알 수 없으므로 반복하라.

효과적인 장문의 모금 메시지는 이와 같은 개요를 지닐 것이다.

- 도입부: 당신에게 글을 쓰는 이유.
- 요청.
- 오늘 당신의 기부금이 매우 중요한 이유.
- 요청.
- 당신의 기부가 가져올 영향의 크기.
- 요청.
- 니즈를 보여주는 스토리.
- 요청.
- 기부자에게 자신의 가치와 대의와의 연결을 일깨우기.

▶ 요청.

▶ 다른 스토리.

▶ 요청.

▶ 기부하면 어떤 일이 일어날지 떠올려 보게 하기.

▶ 요청.

▶ 결론: 기부자의 관심에 감사하기. 다시 요청.

내가 과장하고 있다고 생각할 것이다. 그렇지 않다. 모금에 진심이라면 정말 몇 번이고 다시 요청해야 한다.

스토리는 긴 글에서 빛날 수 있다. 매우 상세한 이야기와 좁은 지면에 끼워 넣느라 짧게 줄인 이야기의 차이는 스냅 사진과 영화의 차이와 같을 것이다. 예를 들어 잔인한 곰 사냥 관습에 관해 쓸 때 짧은 글로 쓴다면 이렇다.

곰이 엉덩이를 땅에 대고 앉았는데, 상처 난 입에서 피를 흘리고 있었다.

긴 글은 보다 생생하다.

곰이 엉덩이를 땅에 대고 앉아 몸을 앞뒤로 떨고 있었는데, 그 아래 땅바닥에는 피가 웅덩이처럼 고여 있었다. 입 한쪽은 찢겨서 벌어진 채로 축 늘어져 이를 다 드러내고 있었고, 엉겨 붙은 털 속으로 침과 피를 질질 흘리고 있었다.

현장감 지수, 즉 독자가 실제로 그 현장을 목격한 듯한 느낌은 긴 글이 더 높다. 그리고 글을 통해서나마 독자가 여러분의 주장을 생생하게 경험할 때 기부할 가능성은 훨씬 더 크다.

어떤 사람들은 긴 글의 시대가 끝나가고 있다고 생각한다. 루스 고모가 하는 것처럼 앉아서 글을 읽는 사람들 얘기를 꺼내면 문자메시지, 140자 트위터, 그리고 사람들이 소통하고 정보를 검색하는 방식에 일어난 변화를 말하며 대꾸한다. 그 말이 맞을지도 모른다. 하지만 아직까지는 긴 글의 장점이 유효하다.

중요한 건 이거다. 우리가 자신의 우편함에 어떤 우편물을 와 있길 원하는가로 이 문제를 판단할 수 없다는 것이다. 기부자들이 우리에게 그들이 원하는 우편물이라고 말하는 것을 근거로 판단할 수도 없다. 모금 메시지에 대한 반응의 형태로 일어나는 **기부자의 실제 행동**을 지켜봐야 한다.

따라서 달리 배울 때까지는 계속 긴 글을 보내라. 루스 고모는 분명히 고마워할 것이다.

04
모금가의 문법

에이브 박사는 지적이며 박식한 사람이었다. 그는 존경받는 신학자로 여러 권의 책을 저술했고, 그중에는 기도에 관한 방대한 양의 저서도 있었다. 여러분이나 내가 기도하는 법을 배우고 싶을 때 읽는 책이 아니라 크고 묵직한 기도 이론서이다.

에이브 박사는 글쓰기에 재능이 있었다. 그는 화려하고 우아한 문체를 지녔다. 그의 글은 어떨 때는 미국의 독립 선언문 같았다. 그는 당연히 자신의 글쓰기 방식을 자랑스러워했다.

에이브 박사는 비영리 조직을 이끌었고, 모금 호소문을 쓰는 일에 매진했다. 그의 편지는 길었다(알다시피 긴 건 괜찮다). 하지만 그게 다가 아니었다. 논리적이었다. 흠잡을 데 없이 옳았다. 폭넓은 학식과 흥미로운 비유로 가득했다.

그런데 그 편지들은 효과가 없었다.

사실 에이브 박사의 모금 결과는 계속 너무 형편없어서, 그의 조직은 총체적인 재정 파탄의 나락으로 빠져들고 있었다.

에이브 박사는 흔히 하는 실수를 하고 있었다. 그는 좋은 글은 어디서나 좋은 글이라고 생각했다. 학술서에서 매우 효과적으로 사용했던 방식이 모금 호소문에서도 올바른 방식이라고 믿었다.

에이브 박사는 책을 읽는 독자의 상황과 모금 글을 읽는 독자의 상황 간에 엄청난 차이가 있다는 사실을 놓치고 있었다. 책은 읽을 태세를 갖추고 편안히 집중하려고 마음먹은 열성적인 독자들을 목표로 한다. 읽고 있는 내용을 중간중간 멈추고 생각하면서 받아들여야 한다고 단단히 작정한 사람들. 교양 있고 예리한 지성이 돋보이는 글을 가치 있게 여기고 즐길 줄 아는 사람들.

모금 글은? 딴 일을 하고 있는 독자들을 목표로 한다. 모금 글과 씨름하는 데 전념할 생각이 전혀 없는 사람들. 그 즉시 읽지 않으면, 더 생각할 것도 없이 글을 버릴 사람들.

이 두 독자층에게는 각각 다른 언어로 말하는 편이 낫다.

재미있는 것은 학술서의 독자와 모금 글의 독자가 대개는 같은 사람이라는 사실이다. 같은 사람이 학술서 읽기의 엄격함에서 멀어져 한순간의 망설임도 없이 짧은 집중력을 가진 모금 글의 독자가 된다. 모든 것은 상황에 달려있다.

에이브 박사가 모금 글쓰기 방식으로 책을 쓴다면 발행인은 그가 미쳤다고 생각할 것이다. 동료 신학자들은 신학대학 교수 휴게실에서 그를 비웃을 것이다.

하지만 그 점이 바로 그가 책을 저술하는 방식으로 모금 글을 쓸 때 하고 있었던 실수이다. 아무도 웃고 있지 않았다는 점을 제외하면. 기부자들은 좋은 뜻을 위해 모금하려는 그의 시도를 그저 무시하고 있었다.

효과적인 모금 글은 구어체로 되어 있고 형식에 얽매이지 않으며 단순하다. 작성자의 교육 수준을 드러내지 않는다. 사실 학교 선생님이 가르쳤던 문법, 단어의 용법, 구문의 규칙을 따르기보다는 자연스럽게 쓰는 게 훨씬 더 중요하다.

여기서 고백할 게 한 가지 있다. 모금가가 되기 전에 나는 영어 교사**였다**. 수천 명이나 되는 학생에게 문법 규칙과 작문을 가르쳤다. 학생들에게 좋은 학문적 글쓰기를 이해시키고 그 가치를 심어주기 위해 땀 흘리며 노력했다.

게다가 나는 에이브 박사와 매우 비슷하게 글을 썼다(그가 나보다 낫긴 하지만).

그 후 나는 모금가가 되었다. 가방끈이 긴 사람들이 으레 그러듯 힘들어했다. 최선을 다하는 나의 글은 모금 글로는 충분하지 않았다. 잘 쓰면 쓸수록 모금 결과는 더 좋지 않았다.

하지만 나는 그 패턴을 볼 수 없었다.

그러던 어느 날 갑자기 깨달았다. 내 자신의 글을 읽다가 무엇보다 어구의 매끄러운 전환에 감탄하면서 나의 뛰어난 글솜씨에 속으로 우쭐하고 있었다. 그러다 불현듯 어머니가 똑같은 구절을 읽는 모습이 떠올랐다. 내 유려한 글을 읽으시는 어머니는 분명히 당황하며 번거로워하셨을 것이다. 내가 쓴 글을 이해하기 위해 열심히 애쓰다 얼굴을 찡그리시는 모습이 그려졌다.

어머니는 지적인 분이셨다. 대학을 졸업했고(실은 석사학위까지), 수준이 높은 글을 이해할 능력이 충분했다.

하지만 어머니는 이렇게 말씀하셨을 것이다. "제프리야(나를 그렇게 불렀던 유일한 분이셨다), 내가 기부하기를 원하면 그냥 기부하라고 말하지 그러니?"

나는 즉시 진정한 모금 글 작가가 되기 위한 재교육 프로그램을 스스로 만드는 일에 착수했다. 글 쓰는 방식을 바꾸기란 쉽지 않다. 하지만 목표하는 바를 알고 있다면 누구든 할 수 있다.

모금 글에 관해 내가 알게 된 몇 가지 원칙이 있다.

▶ 문단을 주제문으로 시작할 필요는 없다. 그리고 하나의 완전한 생각을 담을 필요도 없다. 모금 글에서 문단은 정보를 구성하는 단위가 아니다. 하나의 시각적 구조다.

▶ 못 갖춘 문장? 문제없다. 못 갖춘 문장은 글에 활기를 더하고 가독성을 높여준다.

▶ 그리고 문장을 '그리고', '하지만', '그런데' 같은 접속 부사로 시작하는 데 부담을 갖지 말라. 접속 부사로 문장을 시작하면 독자는 술술 읽어 나갈 수 있다.

▶ 축약어는 필수다. 만약 축약어를 사용하지 않으면 로봇이 하는 말 같을 것이다.

▶ 각주는 모금 글에서 금지되어야 한다. 각주는 '인간적이지 않다'라고 번쩍거리는 네온사인 같다. 출처를 밝혀야 한다면 격식을 따지지 않는 방식으로 하라. (예를 들어 '나는 이 내용을 〈중요한 사실에 관한 저널〉 지난 4월호 36쪽에서 읽어서 알고 있으니, 만약 찾고 싶다면 참조.'라는 각주를 다는 대신.)

▶ 변호사가 좋아하는 문장 부호인 세미콜론(;)(영어권에서 쓰는 문장 부호로, 한글 맞춤법에서는 규정이 따로 마련되어 있지 않다-옮긴이)을 피해야 한다. 세미콜론을 쓴 문장은 딱딱하고 형식적이다. 어떻게 써야 하는지 정확히 아는 사람이 거의 없으므로 세미콜론을 쓴 문장을 읽

는 독자는 혼란에 빠진다. 여러분이 만약 사용법을 알고 있다면 축하할 일이다. 다만 모금 글에서는 사용하지 말라.
▶ 사람들이 대화에서 자주 사용하지 않는 어떤 문법 규칙이라도 사용 여부를 고민해야 한다.
▶ 모든 사람이 이해하리라 확신하지 않는 한, 빗대어 표현하지 말라. "우리 사무실은 산타가 활동을 준비하는 작업장과 같다."라고 말해 보라. 미국인이면 누구든 그 말의 의미를 알 것이다. 하지만 "그는 조시마 장로처럼 온화하고 현명하다."라고 말한다면, 나는 깊은 인상을 받겠지만 거의 모든 사람, 심지어 《카라마조프가의 형제들》을 읽은 사람들도 이해하지 못할 것이다.
▶ 말장난이나 우스갯소리를 하지 말라. 작가들은 좋아하겠지만, 사람들 대부분은 알아듣지 못하고, 알아들으려 하지도 않으며, 혼동과 짜증에 빠진다.
▶ 그리고 과거 영문학도의 가슴에 비수를 꽂는 원칙이 있다. 상투적인 문구를 사용하라. 상투적인 문구가 인기 있는 이유가 있다. 그런 문구는 사람들이 자주 표현하고 싶은 것을 나타낸다. 기억하기에 (식은 죽 먹기처럼) 쉬우며 듣기에도 짧고 (좋은) 방식으로.

또한 무시해야 할 쓸데없는 규칙들도 있다. 이 규칙들은 대학을 졸업한 사람과 그렇지 않은 사람을 갈라놓는 목적 외에는 아무 필요도 없다. 다음과 같은 것이 포함된다.

▶ 구어체 문장을 쓰지 말라.
▶ 쌍점의 앞은 붙여 쓰고 뒤는 띄어 써라.

이와 같은 규칙들은 모금 글쓰기에 아무런 유용한 목적도 제시하지 않는다.

스트렁크와 화이트가 저술한 《문체의 요소The Elements of Style》를 가지고 있다면, 그 책에서 말하는 내용을 전부 무시하라. 이 작은 책을 영어영문학과에서 대단히 높이 평가하며, 많은 사람이 깊이 신뢰한다. 문제는 바로 이 책에 나온 원칙과 조언 대부분이 여러분의 모금 결과에 부정적인 영향을 주는, 부자연스럽고 격식을 따지는 글이 되게 한다는 데 있다.

나는 대충 써야 한다고 말하고 있지는 않다. **내**와 **네**를, **든지**와 **던지**를 구별하라. 단어를 맞춤법에 맞게 써라. 모든 문장을 반드시 앞뒤 문장과 말이 통하게 하라. 산만하며 품위 없고 실수투성이인 글은 지나치게 격식을 갖추고 너무 학술적인 글만큼이나 빨리 독자를 돌아서게 할 수 있다.

여러분의 학위나 지능을 과시하기만 하는 글을 쓰지 말라. 사람들의 마음을 울리고 그들로 하여금 행동하도록 만드는 글을 써라.

그나저나 에이브 박사는 마침내 모금 글쓰기 방식을 완전히 익혔다. 그는 이 방식을 그다지 좋아하지는 않았지만, 자신의 개인적인 글쓰기 방식보다 좋은 뜻을 위해 모금하는 일이 훨씬 더 중요하다고 생각했기 때문에 이를 악물고 해냈다.

에이브 박사가 할 수 있다면 나도 할 수 있고 원하는 사람 누구라도 모금 글쓰기 방식을 배울 수 있다.

제2부

모금 글쓰기의 내용

많은 언어가 영어에는 없는 특이한 점을 가지고 있다. 명사에 성(性)이 있다. 스페인어에서 '눈썹'은 여성이다. '눈'은 남성이다. 참 이상도 하지.

이를 문법상의 성이라고 부른다. 보통 남성과 여성, 때로는 중성도 있다. 어떤 언어에는 무려 열 개 이상의 '성'이 있다. (거참 배우려면 재밌기도 하겠네.)

여러분의 모국어가 영어인데 다른 언어를 배웠다면, 문법상의 성은 여러분을 미치도록 괴롭혔을지도 모른다. 문법상의 성은 기억하기 어렵다. 늘 실수한다. 어쨌든 영어에는 없지만 아무 문제도 없다.

하지만 문법상의 성이 있는 언어를 말하게 되면, 그것이 존재하는 목적이 있다는 사실을 알게 된다. 언어에 아름다움과 체계를 더한다. 시인이 기교를 부릴 때 사용한다. 문법상의 성을 잘못 쓰는 것을 소재로 한 우스갯소리도 있다.

다음 몇 장에서 나는 모금 글쓰기의 기본 원칙 몇 가지를 보여주고자 한다. 어떤 원칙들은 이상할 것이다. 심지어 여러분을 귀찮게 하거나 그저 대수롭지 않아 보일 수도 있다. 어느 쪽이든 모금 글쓰기에 효과적인 몇 가지 사항을 다음에 소개한다.

- ▶ 사실과 통계가 기부자를 돌아서게 하는 이유.
- ▶ 오늘날처럼 복잡한 세상에도 단순성이 모금 메시지에서 으뜸인 이유.
- ▶ 모금하고 있는 프로젝트 대신 기부자에 대해 말하는 이유.
- ▶ 좋은 모금 메시지와 오래된 농담인 '내게 좋은 소식과 나쁜 소식이 있어.'의 공통점.
- ▶ 아무리 쓰기 불편하더라도 모금 메시지가 명확해야 하는 이유.
- ▶ 모금 메시지에 추신을 덧붙여야 하는 이유…… 이메일도 포함해서.

모금 글쓰기의 이런 확립된 방식은 무슨 수를 써서라도 지켜야 하는 절대적인 법칙은 아니다. 이는 원칙이며 이런 원칙을 벗어나는 게 맞을 때도 있다. 하지만 모금 전문가는 그렇게 하기 전에 신중히 생각해야 한다. 이 방식 가운데 하나가 그저 싫어서 따르지 않는 것이 제일 나쁘다.

05
통계가 아니라 스토리로 설득하라

카라모종!

아마 여러분에게는 아무 의미도 없는 말일 것이다. 하지만 베니가 낮은 소리로 '카라모종'이라고 중얼거리는 걸 들었을 때, 그것은 이제까지 내가 들은 중에 가장 무서운 말이었다.

나는 우간다 북부의 빈곤한 지역사회에서 활동하는 클라이언트를 돕기 위해 스토리를 수집하고 있었다. 건장한 체격에 웃음이 많은 젊은이인 베니는 내 운전기사였다. 우리는 이 마을에서 저 마을로 면담하러 다니며 며칠을 보냈다.

이상하게도 이 마을들은 뭔가 잘못된 것 같았다. 베니가 그 이유를 말해 주기 전까지 나는 정확히 알지 못했다. 소가 없었다. 단 한 마리도.

여러분이 아프리카를 TV에서만 보았다면 코끼리나 사자, 그 외 동물원에 있는 동물들만 있다고 생각할 것이다. 그렇지 않다. 그런 동물들을 보려면 힘들게 멀리 가야 한다. 아프리카의 상징이 되는 동물은 소다. 뿔이 길고 졸린 눈을 한 소. 어디에나 있다.

하지만 여기 우간다 북부는 아니었다. 모든 소를 도난당했다. 거듭되는 면담에서 사람들은 내게 이웃 부족인 카라모종 사람들의 습격에 대해 말했다.

세계 곳곳에 있는 목축이 발달한 많은 문화에서처럼 카라모종 부족은 신이 특별히 그들을 위해 모든 소를 창조한다고 믿는다. 다른 부족에게서 소를 빼앗아 가는 행위는 도둑질이 아니다. 정당한 제 주인으로서 소를 돌려받는 것이다.

오랜 가뭄으로 카라모종 부족에 기근이 들었다. 부족의 아이들이 굶주리고 있었다. 절박해진 카라모종 부족민은 그들의 소유라고 생각하는 소를 빼앗기 위해 소총과 칼로 무장하고 저지대로 떼를 지어 침입했다. 일부 습격에서는 폭력이 난무했다. 집을 불태우고 수많은 마을 사람도 죽였다. 내가 만난 거의 모든 사람에게 카라모종 부족의 습격과 얽힌 무시무시한 개인사가 있었다.

방문 일정의 마지막 저녁, 어스름한 땅거미가 질 무렵 베니와 내가 차를 타고 가고 있는데 트럭 한 대가 어둠 속에서 어렴풋이 나타나 우리를 향해 고속도로를 질주해 왔다. 트럭을 꽉 채운 사람들은 트럭의 뒤쪽에서 어깨와 어깨를 맞대고 서 있었으며 심지어 옆쪽에도 매달려 있었다. 엔진의 굉음보다 더 큰 그들의 함성을 들을 수 있었다.

베니는 핸들을 꽉 움켜쥐었다. 그는 웃고 있지 않았다. 그리고 이렇게 말했다. "카라모종 사람들이에요. 얼굴을 가리세요."

나는 내 흰 얼굴을 가리고 기도했다. 트럭이 우리 쪽으로 돌진해 왔다. 온갖 장면이 두서없이 떠올랐다. 총소리. 분노한 얼굴들. 그들이 나를 인질로 살려둘 가치가 있는지 따져보는 동안 나는 손발이 묶이고 눈이 가려진 채 공기가 통하지 않는 답답한 방에 갇혀 있다.

그때 트럭이 요란한 소리를 내며 지나갔다. 트럭이 지나갈 때, 우리는 남성과 여성이 엇비슷한 수로 타고 있었고 총은 보이지 않는다는 사실을 알게 되었다. 그들은 카라모종 침입자들이 아니라 그 지역 사람들이었다. 노래를 부르며 결혼식에 가는 것 같았다.

나는 아프리카에 관해 수년간 글을 써왔다. 농경 문화와 목축 문화 사이에 선사시대부터 계속됐던 갈등을 알고 있었다. 가뭄과 빈곤, 너무 많은 무기로 인해 충돌이 어떻게 격화됐는지도 이해하고 있었다. 그것이 북쪽으로 수백 킬로미터 떨어진 다르푸르에서 일어난 비극의 배경이다. 로마 제국을 무너뜨렸던 것과 같은 힘이다.

하지만 그런 분쟁은 트럭에 한가득 타서 소를 습격하는 무장한 일당이 나를 똑바로 겨냥하기 전까지는 단지 생각, 다시 말해 절대 사지 않을 셔츠의 가격 같은 아무런 영향력도 없는 사실에 불과했다. 아니 그렇게 생각했었다.

생각으로만 존재했던 추상적인 일이 그 순간 충격적인 현실이 되었다. 이제 나는 목축민과 농민 간의 갈등이 어떤 의미인지 안다. 어떤 기분인지 **느낀다**. 뱃속 깊숙한 곳에서, 목덜미를 타고 내려가는 땀에서, 생존을 위해 서둘러 더듬더듬하는 기도 속에서.

나는 단지 아는 것만이 아니다. 느끼고 이해한다.

그리고 여러분도 마찬가지다. 내가 이 스토리를 말했기 때문이다. 사실이 아니라 스토리를.

우리 모두는 사람들을 기부하도록 만들려고 애쓰는 부대인 듯 사실을 정리해서 이를 뿌려대고 싶어 한다. 사실은 효과가 없다. 사람들이 기부하기를 바란다면 그들에게 깊은 감동을 줘야 한다. 그러려면 스토리를 말해야 한다. 인간의 마음은 사실에 움직이지 않는다. 우리는 사실을 잊는다.

사실은 마음속 깊이 자리 잡지 못한다. 그 의미와 중요성을 잃어버린다.

하지만 스토리는 우리가 세상을 이해하는 데 도움을 준다. 스토리는 우리가 행동에 나서게 한다.

문제의 규모나 해결의 어려움이 사람들의 마음을 끈다고 생각하는 모금가가 너무 많다. 기부자는 문제가 커서 해결하기를 바라는 게 아니라는 것을 그들은 이해하지 못한다. 기부자는 문제가 **해결될 수 있어서** 해결하기를 바란다.

매일 2만 2천 명이나 되는 아이들이 굶주림과 관련된 원인으로 세상을 떠난다는 말을 들었을 것이다. 상상도 할 수 없다. 정말 마음이 아프다.

나는 그 사실을 생생하게 전달할 방법을 찾느라 여러 해를 보냈다. 얼마나 많은 아이가 매시간(917명), 매분(15명, 4초마다 한 명씩) 죽는지 말했다. 뉴햄프셔주의 포츠머스나 버지니아주의 페어팩스같이 인구가 2만 2천 명가량 되는 미국의 도시들이 텅 비게 되는 모습을 묘사했다.

전혀 효과가 없었다.

효과적인 모금 메시지에는 항상 아픈 아기가 있다. 또는 가족을 위해 충분한 식량을 재배할 수 없는 가장. 스토리들.

일일 사망자 수가 상상할 수 없을 만큼 많다는 사실이 정확히 모금에서는 형편없는 전략이 되는 이유다. 우리가 다루기에는 벅찬 사실이다. 사람의 수가 너무 많으면 사실상 전혀 없는 것과 같다.

기부자가 행동하기를 원하면, 한 생명이 겪는 배고픔의 고통을 보고 느끼게 해야 한다. 그리고 나서 **한 생명**을 구할 기회를 제공하라. 그다음에 또 한 명 그리고 또 한 명. 그것이 큰 문제를 해결하기 위해 기부자가 여러분에게 협력하게 하는 방법이다.

그것은 끈적한 타르에 뒤덮인 채 해안가를 따라 날개를 퍼덕이며 유출된 기름에서 벗어나려고 안간힘을 쓰는 펠리컨 한 마리다. 수백만 리터의 기름이 바다로 뿜어져 나온다는 보도가 아니라.

그것은 단추를 잠그려고 떨리는 손으로 갖은 애를 쓰는 파킨슨병 환자 한 명이다. 60세 이상 인구의 1퍼센트가 파킨슨병을 앓고 있다는 사실이 아니라.

대규모 자연재해는 큰 숫자가 모금에 도움이 되지 않는다는 원칙의 예외일 것이다. 2004년 인도양 쓰나미, 2010년 아이티 지진 같은 재해가 발생했을 때는 자선 기부금이 쏟아져 들어왔다. 재해의 규모가 클수록 반응도 더 뜨겁다.

하지만 사람들에게 기부할 의욕을 불러일으키는 것은 숫자가 아니다.

큰 재난이 발생하고 사망자 수가 그 규모를 판단하는 척도가 될 때, 뉴스 매체의 기자들이 떼로 몰려간다. 한동안 재해 지역에서 전송되는 영상, 사진, 스토리는 피할 수 없을 정도다.

우리는 모두 쓰나미가 일어난 검은 바다에서 빙빙 돌고 있는 자동차의 지붕에 매달려 있는 남자를 본다. 아니면 지진으로 무너진 잔해에서 큰 소리로 혼자 울고 있는 아기를.

이런 뉴스 기사와 영상은 우리에게 기부 동기를 부여하는 스토리다. 가슴 아픈 사실은 뉴스 매체가 스토리를 전하기 위해서는 엄청난 수의 사망자가 필요하다는 것이다.

대체로 대중 매체는 우리가 중요하다고 여기는 비극을 취재하려는 모습을 보이지 않는다. 사람들에게 기부할 의욕을 고취할 스토리를 전하는 일은 우리 몫이다. 효과적인 모금 스토리는 대개 이런 요소들이 적용되어야 한다.

▶ **한 사람** 또는 아주 소수의 사람들에 관한 이야기여야 한다. 스토리가 전 세계의 기아 문제나 교육 위기에 관한 것이라면 그것은 진짜 스토리가 못 된다. 몇 해 전 〈뉴욕 타임스〉의 칼럼니스트 니콜라스 크리스토프 Nicholas Kristof는 만일 멸종 위기에 처한 강아지 한 마리가 다르푸르에 있다면 미국인들이 다르푸르 분쟁에 주목할 것이라고 주장했다. 그가 옳았다. 심지어 사람이 아닌 한 생명체여도 사람들의 관심을 사로잡을 수 있다.

▶ **부조리**가 있어야 한다. 무언가가 옳지 않다. 식량이 바닥나고 있다. 연어가 댐을 넘어 산란 지역으로 갈 수 없다. 재능이 있는 아이가 대학에 갈 돈이 없다. 모든 의미 있는 스토리는 평탄치 않은 상황을 담고 있다.

▶ **상세한 설명**이 있어야 한다. 독자가 상황을 마음속에 그려보고 얼굴을 보며 소리를 들을 수 있어야 한다. 어쩌면 맛과 촉감과 느낌까지도. 오감을 자극하는 상세한 묘사가 더해진 스토리는 기억에 더 남아 감정 깊숙이 들어온다.

▶ **잘 써야** 한다. 잘 쓴 글은 정확한 동사와 구체적인 명사로 구성된다. 읽기 쉽고 경쾌한 리듬이 있다. 물론 스토리만이 아니라 모든 모금 글을 잘 써야 한다. 그렇지만 스토리는 더 잘 써야 한다.

▶ **기부를 요청하는 결말**이 있어야 한다. 즉 문제가 완전히 해결되지 않아야 한다. 말라리아가 그 마을의 풍토병이다. 아이들이 죽어가고 있고 부모들은 일을 하지 못하고 있다. 침대 모기장이 문제를 해결하겠지만, 침대 모기장이 아직 배급되지 않았다. 문제가 완전히 해결된 것으로 끝을 맺는 모금 스토리에서는 기부자가 필요하지 않다는 점이 분명해진다.

좋은 모금 스토리는 시적인 묘사, 번갈아 나오는 대화와 서술이 있는 소설처럼 읽혀서는 안 된다. 사실 여러분이 쓴 스토리가 사람이 하는 이야기를 듣듯 읽히지 않고 책을 보듯 읽힌다면 관심은 스토리 자체에 쏠리고 콜투액션은 뒷전이 된다. 스토리의 목적과는 애당초 멀어진다.

기부자에게 알리고 싶은 상황을 담아내는 생생한 '그림 같은 묘사'가 들어있는 두세 개가량의 적은 문장으로 스토리를 말할 수 있다.

젊은 엄마가 자신의 아기를 가슴에 꽉 안고 있다. 그녀는 며칠째 아기에게 줄 젖이 나오지 않는다. 아기는 울고 있지 않지만 그렇다고 좋은 일은 아니다. 굶주림으로 몹시 약해져 울지 못할 뿐이다.

* * *

나는 이제 진정한 모금 실무 고수들만 아는 모금 스토리텔링의 진짜 비밀 병기, 여타 유형의 스토리텔링과는 다른 모금 스토리텔링만의 원리를 여러분에게 알려줄 때가 되었다고 생각한다. 바로 최고의 스토리는 **기부자가 주인공인** 스토리라는 사실이다.

대부분의 스토리에서 독자는 바깥에서 안을 들여다본다. 우리는 오디세우스가 외눈박이 거인 폴리페모스의 눈을 찌르고 양의 배에 매달려 탈출하는 것을 본다. 또 리플리가 그녀가 탄 우주선 밖으로 에일리언을 날려 버리는 것도 본다. 우리는 이 주인공들이 우리라고 생각하고 몰입할 수도 있겠지만, 이 주인공들은 우리가 아니다.

최고의 모금 스토리 안에는 독자, 즉 기부자가 있다. 결코 기부자에게 다시 스포트라이트를 비추지 않은 채로 문장을 지나치게 길게 이어 가지 않는다. 기부자가 기부를 통해 세상을 더 나은 곳으로 만드는 힘, 의지 그리고 동정심을 가진다는 사실을 분명히 해야 한다.

여러분의 스토리가 아프리카 중부의 배고픈 한 아이에 관한 것이든, 관객의 마음을 울리며 변화시키려고 노력하는 한 배우에 관한 것이든, 기부자에게 거듭 돌아와 세상을 바꾸는 감동적이고 극적인 스토리가 그들과 어떻게 연결되는지를 말해야 한다. 기부자가 주인공이라는 사실을 분명히 하라.

다음과 같은 말로 그 사실을 기부자에게 직접 언급해 보라.

▶ 당신은 이 대의를 이해하고 여기에 관심을 가지는 특별한 사람들 가운데 한 명입니다.
▶ 당신이 다른 사람을 도우려는 뜻이 여느 때보다 훨씬 더 널리 퍼져 나갈 것이기 때문에 지금이 좋은 기회입니다.
▶ 당신에게 아이들이 감사할 겁니다. 그들의 삶을 구하고 완전히 바꾸었으니까요.

어떤 단체는 기부자를 주인공으로 하는 방식에 대해 고심한다. 직원들이 힘들게, 때로는 희생도 감수하면서 일을 하는 것을 너무 잘 알기에 기부자의 기여를 보조적인 역할로 치부한다. 기껏해야 진짜 주인공의 조연으로. 기부자가 하는 일은 이따금 돈을 내는 게 전부다. 직원들은 매일 마음과 영혼, 땀을 바친다. 한 비영리 단체 인사는 기부자에게 초점을 너무 많이 두면 그와 대비되어 직원들이 스스로 '하찮은 존재처럼' 느끼게 될지도 모른다고 언젠가 내게 말했다.

이런 식의 사고는 두 가지 사실을 간과한다.

1. **기부자가 없으면 비영리 단체 대부분은 존재하지 않을 것이다.** 기부자가 내는 기부금이 없다면, 직원들의 위대한 활동은 절대 아이디어 파일 밖으로 나오지 않을 것이다.
2. **모금 스토리의 목적은 기부자에게 기부할 의욕을 불러일으키는 것이다.** 직원의 사기 진작이 아니라. 모금 스토리가 직원에게 어떤 감정을 불러일으키는지는 관련이 없다. 물론 여러분이 속한 조직의 직원들의 공로를 확실히 치하하라. 다만 이를 모금에 이용하려 하지는 말라.

* * *

아프리카에서 카라모종 침입자들과 마주칠 뻔했던 스토리를 몇 페이지 앞에서 들려주었다. 스토리와 경험이 얼마나 효과적일 수 있는지 생각해 보기를 바란다.

또한 카라모종 부족에 대해 이야기한 다른 이유가 있다. 그들이 모든 소가 그들의 소유라고 믿는 이유를 기억하는가?

모금가는 **스토리**를 그런 식으로 생각해야 한다.

우리는 모든 스토리를 소유한다. 신은 우리가 들을 수 있도록 스토리를 만들었다. 그러므로 스토리를 말하라. 그렇게 해서 사람들이 기부하고 싶어 하도록 하라. 그것은 우리 모금가 부족민이 머리와 내면에 지니고 다니는 믿음이다. 우리는 사실 스토리의 카라모종 사람들이다.

06
단순성을 유지할 것

먼지투성이에 턱수염을 기른 중동의 성자가 일어서서, 한 나그네가 강도의 습격을 받고 죽을 지경에 이르렀다가 뜻밖의 의인이 나타나 구해 준 이야기를 했다.

이야기에는 별 내용이 없었다. 적어놓고 보니 200단어도 채 되지 않았다. 하지만 많은 의미를 내포하고 있었다. 선행이 가진 힘에 관한 이야기였다. 같은 인간에 대한 우리의 의무. 우리가 편견을 가져서는 안 되는 이유 등.

그 이야기를 중심으로 삶을 영위할 수도 있다. 많은 사람이 그렇게 하고 있다.

오늘날 우리는 그 이야기를 착한 사마리아인의 비유로 알고 있다. 복잡한 사고를 단순하고 분명하며 설득력 있게 하는 뛰어난 이야기다.

모금 메시지는 그래야 한다. 분명하고 설득력 있지만 무엇보다 단순하게.

단순성은 많은 모금가에게 어려운 문제다. 우리는 대의에 관해 전문가가 되었고 조직 업무의 복잡성을 간파했다. 모호함도 안다.

그런 건 다 괜찮다. 하지만 그 복잡성을 모금 메시지에 도입하면, 여러분은 기부자가 기부하고 싶어 하도록 만들지 못할 것이다.

조직의 업무가 아무리 복잡하더라도, 모금 메시지는 비전문가도 이해할 수 있는 단순한 본질로 간추려져야 한다. 그것도 신속히 이해하도록.

한때 국제 구호 기구에서 자원개발국장과 일한 적이 있다. 그를 '렉스'라고 하자. 그는 아프리카에서 경력을 쌓았지만, 말라리아에 걸려 잠시 미국으로 돌아와 지내야 했다. 그래서 그는 모금 업무를 책임지게 되었다.

렉스와 함께 일하는 것은 좋았는데, 그가 현장의 돌아가는 상황을 잘 알기 때문이었다. 렉스에게 걸어가 '모잠비크 북부'라고 말하기만 하면, 그는 니아사와 남풀라 지방의 상황 전체를 말해 줄 것이다. 그는 모든 마을, 모든 강(홍수가 났는지 말라붙었는지)과 수수, 기장, 옥수수의 수확이 어떻게 되어 가는지도 아는 것 같았다. 나는 한 번도 기부자들에게 그들의 기부금으로 무엇을 할지 말할 만큼 그렇게 준비가 잘 된 적이 없었다.

딱 한 가지 문제가 있었다. 이 세상에서 렉스가 가장 좋아하는 것은 '시민 사회'였다.

혹시 여러분이 나처럼 시민 사회에 대해 별로 아는 게 없다면, 시민 사회는 타당한 법이 있을 때 사람들이 대체로 그 법을 따르고 서로 공정하게 대하는 곳을 말하는 개념이다. 부정부패와 폭력이 거의 없다. 시민 사회가 널리 퍼진 곳에서는 배고픈 사람이 줄어들고, 의료 혜택이 늘어나며, 범죄가 줄어들고, 더 나은 사업 환경이 조성된다. 시민 사회는 사실 인도주의적인 문제 대부분에 대한 해법의 핵심 요소이다.

그것이 렉스가 언제나 시민 사회의 확산을 촉진하기 위해 모금하고자

하는 이유이다. 그는 마치 온 세상을 내게 보여주듯 두 팔을 쫙 펼치며 이렇게 말했다. "자네, 시민 사회를 목표로 하면 우리가 들인 노력에 비해 얻을 게 훨씬 더 많을 거야!" 그는 우리의 모금 활동을 온통 시민 사회에 집중하고 싶어 했다.

여러분이 모금 분야에서 일한 지 몇 개월밖에 되지 않았더라도, '시민 사회'라는 말을 넣은 우리의 요청이 아무런 호응을 얻지 못했다는 말을 듣고 놀라지 않을 것이다. 하지만 렉스는 단념하지 않았다. 우리가 조금만 더 열심히 노력하면, 결국 기부자가 시민 사회의 개념을 지지하게 할 방법을 찾게 될 것이라고 말했다. 나는 그렇게 생각하지 않았다. 나는 계속 배고픈 아이들의 끼니를 해결하기 위해 모금하려고 노력했다.

따라서 렉스와 나는 거듭거듭 의견이 충돌했다. 배고픈 아이들의 끼니 해결. 시민 사회. 마치 라이트 맥주의 광고 같았다.

물론 시민 사회는 굉장히 좋다. 그 점에 관해서는 의심할 여지가 없다. 하지만 실체가 없다. 기부자 대부분은 대개 구체적인 목표를 성취하는 일에 기부한다. 배고픈 아이들의 끼니 해결하기처럼. 개념은 모금을 위한 목표가 되기 어렵다.

여러분이 형이상학적인 개념에서 벗어나 구체적인 행동을 말할 때 비로소 성공적으로 모금할 수 있다.

예를 들어 많은 조직이 그들의 진정한 목적은 **희망**을 퍼뜨리는 것이라고 말한다.

하지만 희망이 아름답고 영감을 주기는 해도 실체적인 면에서는 시민 사회와 같다. 희망은 영향력 있는 가치이다. 그래서 때때로 효과적인 정치 구호가 되기도 한다. 그러나 모금에서는 설득력 없는 권유이다.

따라서 여러분이 희망을 퍼뜨리는 일을 하더라도, **희망에 이르는** 구체적인 행동을 말해야 한다. 농부들이 더 많은 농작물을 기르도록 돕기. 쫓겨난 가족들을 재정착시키기. 또는 배고픈 아이들의 끼니 해결하기.

어쩌면 여러분에게 '서식지 보존을 통해 주요 고래류 종의 생식 능력을 강화하라'는 일이 맡겨졌을지도 모른다. 모금 메시지에서는 '고래를 구해 주세요.'라고 해야 한다.

어쩌면 여러분의 임무를 수행할 방안이 '지역사회의 취약 지역에 손길을 내밀어 18세기와 19세기의 명곡에 다가가게 함으로써 정통 음악의 신규 관객 수를 증가시켜라.'일지도 모른다. 모금 메시지에서는 '클래식 음악이 보전되게 해주세요.'라고 해야 한다.

기부자가 바보 같다는 게 아니다. 기부자는 여러분 단체의 대의를 생각하는 데 여러분보다 훨씬 더 적은 시간을 쓴다. 여러분과 같은 전문가가 될 사람은 거의 없다. 그들의 마음속에는 다른 일들이 있다. 하지만 여전히 여러분의 단체가 하는 일을 진심으로 후원할 수 있다. 여러분의 이해 수준이 아니라 **기부자의** 수준으로 말한다면.

때때로 모금 메시지가 너무 복잡해지는 또 다른 경우는 주목적을 잊어버리는 경우다. 성공하는 모금 메시지는 지나칠 정도로 한 가지에 집착한다. 기부하세요. 당장 기부하세요. 세상을 매우 특정한 방식으로 바꿀 수 있도록 기부하세요.

'기부 플러스'를 해서 한두 개의 목표를 추가하는 방식은 구미가 당긴다. 어쨌든 중요한 다른 목표들이 있고, 기부자에게 손을 내미는 모든 수고와 희생을 여러분 단체가 하기로 했으므로 일석이조가 아니겠는가?

그것이 일부 모금가들이 이처럼 목표를 추가하는 메시지로 기부자를 혼란스럽게 하는 이유이다.

▶ '우리를 높이 평가하세요.' 기부자가 단체를 좋게 생각하면 기부할 것으로 생각하기 쉽다. 하지만 이를 목표로 삼으면 메시지는 단체의 능력과 효율성, 역사, 뛰어난 직원들의 교육 수준을 자랑하는 단체 중심의 내용으로 바뀌게 된다. 이는 바람직한 모금 메시지가 아니다. 기부자가 단체를 높이 사는 것은 좋지만, 그것이 모금의 주안점은 아니다. 그리고 실제로 기부자는 기부하기 전보다 기부한 후에 단체를 더 높게 평가하는 경향이 있다. 기부하라고 요청하라.

▶ '우리의 대의를 배우세요.' 여러분은 정확한 일련의 사실들이 사람들을 기부하도록 교육하리라 생각할지도 모른다. 어쨌든 어떤 문제를 더 잘 알고 이해하면 그 문제에 더 강하게 연결될 수 있다. 그렇지 않은가? 문제는 교육이 모금 메시지의 질을 떨어뜨릴 수 있다는 사실이다. 기부자는 마음이 우러나야 기부하는데, 여러분 단체의 대의에 대한 교육이 많은 사람의 마음을 움직일 것 같지 않다. 여러분과 여러분 단체의 당면 문제를 사람들에게 교육하려는 열의가 있다면 이런 식으로 생각해 보라. 대의를 위해 기부하는 사람은 대의에 대해 교육받는 것에 훨씬 더 많이 마음이 열려있다. 기부하라고 요청하라. 그것이 당신이 할 수 있는 가장 좋은 첫 번째 교육이다.

▶ '생각하는 방식을 바꾸세요.' 무반응의 지름길이다. 자기 생각을 바꿀 줄 아는 사람은 거의 없으며 바꾸고 싶어 하는 사람은 더더욱 없다. 게다가 편지나 이메일은 태도를 변화시키는 효과적인 매체가 아니다. 여러분은 기부자의 생각을 바꾸지도 못하고 기부도 받지 못할 것이다. 반면에 기부를 통해 어떤 문제에 연결되는 사람은 그렇지 않은 사람보다 생각을 바꿀 가능성이 더 크다. 기부하라고 요청하라.

▶ '계획기부 담당자에게 문의하세요.' 계획기부에 기부자를 참여시키는 것이 그럴 가치가 있다는 사실에는 의문의 여지가 없다. 하지만 같은 메시지에서 두 가지 일을 성취하려고 하면 결국 아무것도 하지 못하게 된다. 기부하라고 요청하라.

이 모든 지엽적인 문제로 인해 메시지가 정돈이 안 되고 반응이 낮아진다.

기부 외에 다른 문제로 기부자와 소통해야 할 때는 개별적인 메시지로 다가가라. 그리고 그 메시지도 오직 한 가지 주제만을 다뤄라.

여러분은 모금을 통해 세상을 바꾸는 일을 하고 있다. 그 목표에서 벗어나지 말라. 그저 모금 메시지의 다음 체크리스트를 기억하라.

✓ 단순성을 유지할 것.
✓ 구체적일 것.
✓ 요청 외에 아무것도 하지 말 것.

07

모든 것은 기부자 중심으로 할 것

코카-콜라 회사를 존경해서 코카콜라를 마시는 사람을 여러분은 얼마나 알고 있는가?

애틀랜타에 사는 사람이 아니라면 그런 사람은 없을 것이다.

사람들은 코카콜라의 맛을 좋아해서 마신다. 아니면 더 높은 가능성은 할인 중이라서.

코카-콜라 회사는 코카콜라를 사는 사람들의 내적 동기에 호소해서 회사의 상품을 판매한다. 회사는 "어떻게 사람들이 우리 회사가 위대하다고 생각하게 할 수 있을까?"라고 묻지 않는다. 그들은 "사람들이 무엇을 원하고, 어떻게 우리가 그것을 줄 수 있다는 확신을 그들에게 얻을 수 있을까?"라고 묻는다.

코카-콜라 회사의 내부 정보를 알지 못하지만, 회사의 몇몇 주요 임직원은 틀림없이 화학자일 것이다. (나는 그들이 '미각 공학자'와 같은 더 멋진 이름으로 불리지 않을까 상상해 본다.) 그들의 일은 코카콜라가 확실히 잘 팔리게 하는 것이다.

만약 화학자들이 일을 제대로 하지 않아서 코카콜라가 대구 간유와 같은 맛이 나기 시작하면 코카콜라의 모든 전제는 무너질 것이다. 하지만 그들은 그들의 일을 한다. 코카콜라는 코카콜라의 맛이 난다.

나는 코카콜라의 새로운 광고 슬로건이 나올 때마다 무슨 일이 일어나는지 상상할 수 있다. '진짜 그 맛 코카콜라', '인생이 시작되는 곳', '코카콜라 그것뿐'.

그 불쌍한 화학자들은 머리카락을 쥐어뜯는다. "지금 장난하는 겁니까?" 그들은 말한다. "이 슬로건은 너무 막연하잖아요! 허용 범위 안에서 코카콜라의 맛을 유지하려는 우리의 중대한 사명과는 너무 관련이 없어요."

하지만 광고는 잘 나가고 사람들의 자기중심적인 동기에 강렬히 호소한다.

그런 식으로 날마다 16억 병의 코카콜라가 팔린다.

나는 코카-콜라 회사가 마케팅을 생각하는 방식으로 모금 메시지를 생각하는 비영리 단체가 더 많아지기를 바란다. 그들이 더 많이 모금하면 좋은 일을 더 많이 할 것이기 때문이다.

코카콜라의 마케팅에서 배울 수 있는 최고의 교훈은 이것이다. 여러분이 기부자에게 바라는 대로가 아니라 기부자의 입장이 되어 말하라. 설혹 기부자들이 여러분이 원하는 대로 생각하지 않더라도, 그들의 돈은 정확히 다른 누군가의 돈만큼 좋다. 사실 그들의 돈은 기부금이니 더 좋다.

전문 영역으로서 우리는 고객을 이해하는 면에서 음료 산업에 한참 뒤처진다. 음료 산업은 고객을 이해하기 위해 오랫동안 노력해 왔다. 그들은 수조 원을 연구에 썼다. 우리는 그들의 풍부하고 실용적인 지식을 절대 따라잡지 못할지도 모른다.

하지만 우리가 지닌 지식과 수단으로 지금 당장 할 수 있는 일이 많다. 가장 중요한 일은 우리의 관계에서 배우는 것이다.

여러분의 어머니나 바라건대 누구라도 다른 사람들과 잘 지내려면 자신이 아니라 **그 사람들에게** 초점을 맞춰야 한다고 말했을 것이다. 그렇지 않은가?

누군가를 여러분이 멋지다고 생각하게 만드는 최악의 방법은 여러분 입으로 그 말을 하는 것이다. 사실 '나는 멋져.'라고 사람들에게 말하는 것은 대개 전혀 멋지지 않다는 증거가 된다. 말끝마다 자신이 멘사 회원이라고 떠들고 다니는 저 남자처럼. 그가 그다지 똑똑하지 않다는 사실은 모두가 안다.

모금 메시지도 마찬가지다. 좋은 평판은 값어치를 따질 수 없는 자산이다. 하지만 그 평판을 얻는 이유는 오랫동안 뛰어나게 잘해서이다. 여러분의 단체가 얼마나 뛰어난지 사람들에게 말해서가 아니다. 좋은 평판을 얻는 지름길은 없다.

여러분이 근무하는 병원이 지역 최고의 암 치료 기관이라고 하자. 당연히 **우리는 지역 최고의 암 치료 병원입니다**라고 말하고 싶을 것이다. (사실 잠재적 환자에게 광고할 때는 그렇게 **말해야 한다**.)

하지만 모금 메시지에서는 기부자에게 그 사실을 우회적으로 표현해야 한다. **여기 암과의 싸움에서 빠른 진전을 볼 수 있게 할 기회가 당신에게 있습니다**와 같은 문구로.

여러분의 모금 사업을 설명하는 데 사용하는 기본 문구는 기부자를 중심으로 할 때 효과적인 기부 권유가 될 수 있다.

▶ 우리는 배고픈 사람들에게 식사를 지원합니다는 당신은 배고픈 사람들에게 식사를 지원합니다가 되어야 한다.
▶ 우리는 천식을 정복하고 있습니다는 당신은 천식을 정복하고 있습니다가 되어야 한다.
▶ 우리는 트라이시티 지역에 재정이 탄탄한 발레단을 설립하고 있습니다는 당신은 트라이시티 지역에 재정이 탄탄한 발레단을 설립할 수 있습니다가 되어야 한다.

'우리'로 시작하는 문장은 아무런 반응도 불러오지 않는다. 그런 문장은 기부자와 아무 관련이 없어서, 기부자의 마음을 움직여 행동을 취하게 할 가능성이 별로 없다. 여러분은 "엄마, 나 좀 봐봐! 내 머리 위에 그릇이 있어! 아빠, 나 좀 봐봐! 나 뒤로 걷고 있어!"라고 계속 외쳐대는 기운찬 네 살 아이처럼 보인다.

네 살 아이는 핑계가 있다. 아이는 자기 얘기만 하는 게 대화를 나누는 좋은 방법이 아니라는 사실을 아직 배우지 못했다. 모금가는 더 잘할 수 있고 또 더 잘해야 한다.

'당신'으로 시작하는 문장을 만들 때, 여러분은 코트에서 공을 기부자 쪽으로 넘긴다. 기부자가 공을 다시 넘기도록, 즉 반응하도록 유도하는 것이다. 기부자는 적어도 '동의'나 '거절'을 말하기 위해 어쩔 수 없이 소통해야 한다. 이것이 기부의 첫 단계이다. 그리고 심지어 '거절'도 완전한 무관심보다 낫다.

단체의 오랜 발자취, 뛰어난 직원들, 앞선 기부 방식은 어떤가? 그런 게 정말 중요한가?

그렇다. 대단히 중요하다. 여러분은 단체의 사명과 **기부자를 위해** 모든 면에서 뛰어나야 할 의무가 있다. 하지만 이런 요소는 **기부자가 기부하는 가장 중요한 동기는 아니다.** 그것은 기부자가 기부를 **계속하거나** 기부 이상의 방식으로 참여하게 하는 동기이다.

기부자가 여러분에게 속고 있다는 우려를 없앨 수 있는 몇 가지 정보가 있다. 여러분은 기부자가 다음과 같은 정보를 확인할 수 있게 해야 한다.

▶ 관련 감시단체의 평가나 승인. 어떤 기부자들에게는 매우 중요하다.
▶ 전문가, 유명 인사, 언론, 기타 정보원에 의한 제3자 인증
▶ 개방성과 책임성을 규정하는 강령

이런 뒷받침하는 요소가 중요하지만, 모금 메시지에서는 부수적인 위치에 배치되어야 한다. 웹사이트에서 팝업창이나 사이드바의 바로가기. DM에 동봉한 회신용 봉투의 뒷면. 그 밖에 '작은 활자로 인쇄된 부분'.

단체와 단체의 사업에 관한 정보는 좋은 모금 메시지의 일부가 될 수 있다. 하지만 그 정보를 기부자의 세상으로 들여온 후라야 그렇게 된다. 단체에 초점을 맞춘 자랑이 아니라 기부자와 연관이 되게 할 때 말이다.

▶ 자랑: **우리는 53년 동안 지역사회에서 노숙인에게 도움의 손길을 내밀고 있습니다.**
현명한 모금 메시지: **당신과 마찬가지로 우리는 이 지역사회의 일부입니다. 당신처럼 좋은 이웃들의 도움으로 우리는 1959년부터 이 지역 노숙인에게 식사를 제공하고 있습니다.**
▶ 자랑: **식량을 나눠주는 우리의 방식은 다른 어떤 조직보다 두 배**

더 효율적입니다.

현명한 모금 메시지: **당신이 기부할 때 당신의 돈은 가치가 늘어날 겁니다. 당신이 기부하는 돈으로 배고픈 사람들에게 두 배의 식량을 마련하는 효율적인 방식으로 당신의 기부금을 사용하기 때문입니다.**

'당신 덕분에' 규칙

이런 식으로 생각해 보라. 여러분은 조직에 자금을 대려고 모금하고 있지 않다. 여러분은 기부자가 세상을 더 나은 곳으로 만들 수 있게 하고 있다. 여러분의 단체를 **통해서**.

 이는 모금 메시지에서는 기부자와 직접 연결될 수 있다는 사실만이 중요하다는 의미이다. 그러기 위해서 '당신 덕분에' 규칙을 적용하라.

 '당신 덕분에'는 여러분의 단체가 한 좋은 일을 기부자의 공으로 돌릴 기회를 절대 놓치지 말라는 뜻이다. 여러분이 하는 모든 말에 '당신 덕분에'를 포함하는 습관을 들여라.

▶ **당신 덕분에** 우리의 프로그램은 도시 전체에 있는 노숙인을 돕고 있습니다.

▶ **당신 덕분에** 우리 주에는 아름다운 공공 해수욕장과 해안선이 길게 뻗어 있습니다.

▶ **당신 덕분에** 올해 수백 명의 초등학생을 비롯한 새로운 관객이 발레를 즐겼습니다.

간혹 의미 있는 '당신 덕분에'를 찾지 못할 수도 있다. 그게 바로 자랑만 하고 있다는 분명한 신호이다. **'당신 덕분에** 우리의 회장이 발트해 연안 민속춤의 모든 측면을 다룬 17권의 책을 저술했습니다.'는 별 효과가 없다. 또 다음과 같은 사실도 기부자의 관심을 끌지 않는다. **'당신 덕분에** 우리의 본부에 전기와 수도가 설치되었습니다.' 사실이긴 하나 누구의 마음도 끌지 못할 것 같다.

기부자가 나오는 모금 메시지를 훨씬 더 좋게 만드는 방법은 기부자에게 찬사를 보내고 그들의 가치에 호소하는 것이다.

어떤 의미 있는 방식으로도 그렇게 할 만큼 기부자를 잘 알지 못한다고 생각할 수 있겠지만, 두 가지는 분명히 알고 있다. 그들은 기부했고 여러분 단체의 대의에 관심이 있다. 이는 기부자와 다른 사람들을 구별하는 중요한 사실이고, 그 사실에 입각해서 대의를 제시해야 한다.

당신은 북미 대륙의 까마귀 종을 알고 그 까마귀 종이 우리의 생태계와 생활방식에 얼마나 소중한지를 이해하는 소수의 폭넓은 지식을 가진 사람입니다.

여러분 단체와 기부자의 공통점을 통해 기부자를 칭찬할 수도 있다. 어쩌면 기부자가 루터교의 가치를 보여주거나 진짜 텍사스식 환대 풍습을 가지고 있거나 주립대학교 졸업생에게 기대할 수 있는 그런 통찰력을 보여줄지도 모른다.

이런 연결점을 언급하는 것은 절대 손해를 보지 않는 일이다. 기부자들에게 그들의 미덕을 상기시켜서 기부 가능성을 높일 수 있다.

기억해야 할 가장 중요한 사실이 있다. 내가 하는 말을 벽에 붙여둬

라. 팔뚝에 문신으로 새겨둬라. **기부자는 여러분의 조직이 위대하기 때문에 기부하는 것이 아니다. 그들 자신이 위대하기 때문에 기부하는 것이다.**

08

나쁜 소식과 좋은 소식이 있다

한바탕 말다툼을 벌이는 상황을 보고 싶은가? 이 질문을 모금가 집단에 던져보라. '기부자가 니즈에 반응하는가? 희망에 반응하는가?' 기부자는 해결을 원하는 문제에 관한 **나쁜 소식**을 말할 때 더 기부할 것 같은가, 아니면 기부자가 미칠 영향에 대한 **좋은 소식**을 말할 때 더 기부할 것 같은가?

전선이 형성될 것이다. 한쪽에는 전쟁의 상흔이 남아있는 나쁜 소식 부대가 싸울 준비를 하고 있다. 그들의 주장은 이렇다.

기부자는 문제를 해결하고 싶어 한다. 그것이 **문제가 있고** 기부자가 해결에 도움을 줄 수 있다고 알리는 이유이다.

이번에는 두 눈을 반짝이며 낙관론에 가득 차 있는 좋은 소식 부대가 있다. 그들은 나쁜 소식 부대의 주장을 반박한다.

모금은 성공할 수 있는 영역이어야 한다. 우리는 **희망**이 있다고 기부자에게 말한다. 문제가 해결될 것이라고도.

여러분이 나쁜 소식 부대나 좋은 소식 부대 중 어느 하나에 들어가야 한다면, 나쁜 소식 부대와 함께하는 게 나을 것이다. 모금 반응 테스트에서 기부자는 나쁜 소식으로 호소할 때 희망을 기반으로 한 좋은 소식으로 호소할 때보다 거의 언제나 더 매료된다.

자선단체가 어떻게 문제를 해결했는지를 말하는 행복한 이야기는 기부 심리에 호소하지 못하기 때문인데, 기부 심리는 곤경에 빠진 누군가를 구제하는 심리와 매우 비슷하다. 그들을 이미 구제했다면 절박함은 어디에 있는가?

하지만 나쁜 소식으로 모금하는 데에도 부정적인 면이 있다. 시간이 지나면서 기부자를 지치게 할 수 있다. 연이어 발생하는 문제를 해결하기 위해 계속 기부 요청을 받는다. 진전을 볼 수 없다. 기부자는 기부가 실제로 변화를 일으키지 않는다고 생각하기 시작한다.

나쁜 소식으로 모금하는 것은 단기적으로는 이득을, 그러나 장기적으로는 고통을 낳는다. 여러분은 어떤 특정한 캠페인에서는 잘하지만, 기부자를 유지하기 어려워져 미래의 캠페인에 부정적인 영향을 주며 단체의 지지 기반을 서서히 무너뜨린다.

좋은 소식으로 모금하는 것이 반대의 효과를 가진다고 말할 수 있으면 좋겠다. 단기적으로는 고통, 장기적으로는 이득. 그게 사실이라면 더 나은 선택지가 될 것이다. 유감스럽게도 그렇지 않다. 좋은 소식으로 모금하는 것은 단기적인 고통과 장기적인 고통 **둘 다** 준다. 반응이 떨어지면서 자동으로 기부자 유지에도 악영향을 준다. 여러분은 오늘의 기부와 내일의 기부 **모두** 잃는다.

나쁜 소식으로 모금한 결과가 부상이라면, 좋은 소식으로 모금하다가 장렬히 전사할 수도 있다.

하지만 굳이 나쁜 소식으로 모금하는 것과 좋은 소식으로 모금하는 것 가운데 하나를 선택할 필요는 없다. 또 다른 방법이 있다. 나쁜 소식 부대와 좋은 소식 부대 간 다툼에 제3의 집단이 있다. 그 집단은 훨씬 더 작으며 잠자코 비켜 서 있다. 그들은 싸움에 전혀 동참하고 있지 않다. 그저 모든 것을 아는 듯한 미소를 띤 채.

나는 그들을 **균형 부대**라 부른다. 그들은 나쁜 소식과 좋은 소식의 논쟁에 초연하다. 그들이야말로 진짜 제대로 모금하는 사람들이다. 그들과 함께 해보라.

균형 잡힌 모금을 하는 방법이 있다

언뜻 보기에 균형 잡힌 모금은 나쁜 소식으로 하는 모금처럼 보인다. 나쁜 소식을 피하지 않는다. 문제에 초점을 맞춘다. 다른 점은 사람들이 기부하면 만들 수 있는 더 나은 세상의 모습도 보여준다는 것이다. 다음과 같은 말을 하는 것을 두려워하지 않는다.

강아지가 추위와 두려움에 떨면서 움츠리고 있어요. 털은 헝클어지고 꼬리가 다리 사이로 축 늘어져 사람이 움직일 때마다 움찔합니다. 모든 움직임을 자기를 때리려고 하는 것으로 생각해요.

균형 잡힌 모금은 돌려 말하지 않는다. 하지만 다음과 같은 표현도 쓴다.

강아지들을 구조한 후 완전히 바뀐 모습을 보세요! 털은 부드럽고 주위를 깡충깡충 뛰면서 모두에게 입을 맞추려고 합니다. 다른 강아지 친구와 사람 친구를 만나는 것을 아주 좋아합니다. 그리고 저마다 세상이 아주 문제없이 돌아간다는 사실을 당신에게 알려주는 듯 특유의 해맑은 표정을 짓고 있어요.

균형 잡힌 모금 메시지는 문제만큼이나 해결책을 설명하는 데 공을 들인다. 해결책이 없는 문제는 절망의 원인인 까닭이다. 또한 문제가 없는 해결책은 논리적 오류일 뿐 아니라 완전히 흥미도 없다.

모금 메시지의 균형을 유지할 때 여러분은 기부자에게 이런 사실을 말한다.

- ▶ 당신을 존경하기 때문에 고통과 성공을 함께 나눕니다. 당신이 고통스러운 감정을 이겨낼 수 있다는 것을 알며, 당신이 아는 그 성공이 일어나리라고 믿기에 기부하는 것도 알고 있습니다.
- ▶ 우리가 계속해서 이 문제를 거론하는 이유는 당신이 중요하게 생각하는 문제라는 점을 알고 있기 때문입니다.
- ▶ 당신의 도움으로 해결책이 가까이에 있어서 우리는 행복합니다.

이는 성공적인 모금 메시지를 위한 발판이 된다. 또한 기부자와 지속적인 관계를 형성하는 기반을 마련한다.

균형 잡힌 모금으로 관계를 쌓아온 기부자는 기부가 **중요한 일**처럼 느껴져서 당연히 해야 한다고 생각하기 때문에 계속 기부한다.

모금 활동이 균형을 갖춘다면, 기부자는 실제 문제에 맞서는 동시에 해결에 참여하는 두 배의 전율을 만끽할 것이다. 여러분의 단체에 하는 기부는 죄책감은 덜어주고 기쁨은 더해줄 것이다. 돈을 구덩이에 던져버리기보다 현명한 투자를 하는 것처럼.

09

명확한 콜투액션을 하라

나는 깐깐하고 부지런한 전문직 종사자가 많이 살고 있는 그렇고 그런 신흥 고급 주택가에 산다. 여러분은 그런 곳을 알 것이다. 편리한 위치, 고급 주택, 높은 가격, 에스카롤 샐러드.

살기에 아주 좋은 곳이기에 우리는 모든 위협에 맞서 이곳을 지켜낼 용의가 있다.

최근에 지역 주민이 소유하고 사랑을 많이 받았던 한 마트가 매물로 나왔다. 매수에 나선 측은 전국적인 체인망을 보유했는데, 이를 '테라마트'라고 하자. 테라마트는 우리가 다니던 마트를 허물고 나서 그 자리에 우리의 예쁜 집을 작아 보이게 하고 인근에서 차들을 불러 모아 우리의 거리를 아수라장으로 만들(헉!) 괴물을 세울 계획이었다. 설상가상으로 우리의 라이프 스타일에 매우 중요한 고트치즈, 히카마 뿌리와 같은 물품과 다른 재료들을 취급하지 않으리라는 것은 의심할 여지가 없었다.

이웃들은 테라마트와 싸우기 위해 행동에 돌입했다. 위원회가 구성되었다. 위원회는 이렇게 적힌 팻말을 만들었다.

지역 제품을 구매하라.

책임을 다해 건축하라.

지역사회를 일으켜라.

농담이 아니다. 그것이 테라마트를 막고자 했던 이웃들이 정한 공식 구호였다. 여러분은 더 효과적인 구호를 이렇게 생각할 것이다.

테라마트 결사반대!

어쨌든 당면한 문제는 테라마트였다. 하지만 위원회는 주로 도시 부근에 대규모의 전국적인 체인망을 가진 기업을 상대하려면 철학적인 기초가 담긴 주장을 펴는 게 더 효과적이라고 생각했다. 테라마트는 언급도 하지 않았다. 어떤 종류의 콜투액션도 없었다.

중대한 실수였다.

사람들 대부분은 그 팻말에 적힌 말이 무슨 뜻인지 몰랐다. 심지어 이웃에 사는 고학력 전문직 종사자들도 **지역 제품을 구매하라, 책임을 다해 건축하라, 지역사회를 일으켜라**가 실제로 '테라마트 결사반대'를 의미한다는 사실을 전혀 이해하지 못했다.

반대운동은 실패했고 지금으로서는 테라마트가 들어설 것 같다. 적어도 테라마트는 확실히 싸기는 할 것이다.

우리의 실패를 잘못된 발상으로 만든 팻말 하나 탓으로 돌릴 수 있을지 잘 모르겠다. 팻말은 아마 분명하게 소통하지 못할 더 큰 실패의 조짐이었을 것이다.

안타깝게도 비슷한 일이 모금에서도 자주 일어난다.

우리는 대의가 내포하는 철학에 너무 사로잡혀 철학이 대의이다라고 생각한다. 그래서 대의를 언급하는 것을 잊는다.

콜투액션(흔히 줄여서 CTA)은 일종의 광고업계 용어로 모든 모금가가 알아야 하고 좋아해야 한다. 정확히 그 말이 의미하는 그대로다. 사람들에게 실행하라고 촉구하는 특정한 행동이다. 전화기를 들고 번호를 눌러라. 가게로 가서 특정한 제품을 찾아라. 웹사이트로 가서 어딘가에 등록하라.

다시 말해 모금에서는 '어떤 특정한 좋은 목표를 성취하기 위해 기부하라'이다.

어쩌면 노골적인 것 같지만 행동을 촉구하지 않으면 행동을 얻을 수 없다. 모금가들은 콜투액션을 하는 대신 온갖 고생을 다 한다. 우리 동네에서 했던 것처럼 철학에 호소하는 잘못된 시도 외에 콜투액션을 회피하는 방법 몇 가지가 더 있다.

기발한 비유

어떤 모금가는 비유를 들어 그들의 주장을 펼치려 애쓴다. 말장난과 희화한 시각적 이미지가 설득력이 있다고 생각하는 것 같다.

일본에서 발생했던 비극적인 지진과 쓰나미는 재난을 상징하기 위해 만들어진 이미지가 담긴 일본 국기(흰 바탕에 붉은 원)를 보여주는 수많은 모금 이미지를 낳았다. 한 이미지에서 붉은 원은 금이 가 있었다. 또 다른 이미지는 지진이 발생하는 동안 지진계가 기록하는 것처럼 구불구불한 선으로 구성되었다.

이미지들은 보기에 좋았다. 하지만 콜투액션을 전달하지는 못했다.

재난 시기에 사람들이 기부하는 이유는 같은 인간이 처한 역경에 동정심을 느끼기 때문이다. 얼마나 기발하든 아니면 얼마나 강렬하든, 재난을 상징하는 추상적인 이미지는 사람들에게서 행동을 끌어내지 못한다. 그것은 감동을 주지 않는다. 감정에 호소하지 않기 때문에 감동을 줄 수 없다.

모금에서는 언제나 완전히 **사실 그대로를 말해야** 더 잘할 수 있다. '지진 지역에 있는 사람들에게 긴급 구호물자를 보내주세요.' 문제와 해결책이 무엇인지 그저 말하고 보여주라. 비유와 상징은 시인의 몫으로 남겨라.

(단체의 모금을 광고 대행사에 의뢰한다면, 그들이 이런 실수를 할 가능성은 매우 높다.)

저널리즘

모금가가 콜투액션을 회피하는 또 하나의 방법은 단순히 사실을 객관적으로 제시하는 것이다. 누가, 무엇을, 어디에서, 언제, 어떻게 했는지 신중하게 전달한다.

이런 식으로 하는 모금가는 무슨 일이 벌어지고 있는지 그저 기부자에게 말하기만 하면 기부자가 무슨 행동을 취해야 하는지 알 것이라고 속단한다.

이는 좋은 저널리즘이지만 나쁜 모금 활동이다.

이러한 접근법은 이메일과 소셜 미디어 모금에서 특히 흔하다. 메시지는 되풀이해서 어떤 문제가 있다는 사실을 알린다. 기부자가 행동에 나서려면 '어떤 문제가 있어요.'에서 '나는 그 문제에 대해 무언가를 할 수 있어.'로 넘어가야 한다.

콘서트홀의 끔찍한 파손 상태를 알리면 도움이 될 수 있겠지만, 수리를 위해 기부하라고 사람들에게 구체적으로 요청한 후에야 비로소 모금이 된다.

사실들을 보면 '우리는 기부해야 한다'는 결론을 내리는 것이 여러분에게는 너무나 당연할지도 모른다. 하지만 모두에게 당연하지는 않다. 직접적인 콜투액션이 없다면 사람들의 반응은 제각각이겠지만 대부분은 기부하지 않을 것이다.

돌려 말하기

어떤 모금가는 여러 겹의 추상적인 언어 아래에 콜투액션을 숨긴다. '당신의 후원이 어떤 특별한 아이들에게 희망을 가져다줄 겁니다.'와 같은 말을 한다.

그 말은 기부하기에 충분히 직접적이지 않다. '특별한 아이들'은 지구상에 있는 18세 이하 어떤 사람에게도 적용될 수 있다. '희망'은 영혼에 내려앉은 날개 달린 새일지는 모르지만, 단 하나의 분명한 의미도 없다. 가장 직접적인 말인 '후원'조차 모든 사람에게 '기부'를 의미하지는 않는다. 기부자에게 그런 식으로 말하면 그들은 여러분의 말을 이해하지 못할 것이다.

진정한 콜투액션은 상상의 여지를 남기지 않는다. '당신이 12월 31일까지 보내는 3만 원 이상의 기부금은 지역의 저소득층 아이들에게 축구 유니폼을 전달해서, 그들이 인격 형성에 중요한 이 스포츠에서 즐겁게 겨룰 수 있게 할 겁니다.'

대화의 워밍업

편안하고 가벼운 인사말("날씨 참 좋네요.")로 대화를 시작하는 게 일반적이다. 상대의 기분을 알아차리고 곧 이어질 대화의 주제에 부드럽게 접근하기 위해서, 특히 주제가 말하기 어려운 것일 때 이렇게 한다.

기부금 요청은 힘든 일이므로 모금 메시지에서도 이렇게 하고 싶다.

저항하라! 여러분이 요청하기 전 '워밍업'에 쓰는 시간은 기부자가 흥미를 잃는 데 드는 시간이다.

여러분의 워밍업이 실은 워밍업이고, 더 흥미로운 주제가 곧 이어진다는 것을 독자는 알지 못한다. 그들이 아는 전부는 여러분의 말이 지루하다는 사실이다. 여러분이 본론으로 들어가기를 기다리기보다는 틀림없이 더 흥미로운 일을 찾을 것이다.

대화의 어려운 부분으로 곧바로 들어가는 것이 이상하게 느껴질 것이다. 실제로 얼굴을 보고 하는 대화에서는 보통 이렇게 하지 않는다. 하지만 DM, 이메일, 인쇄물, 방송에서 여러분의 메시지가 워밍업 시간을 갖는다면 기부자는 여러분 곁에 남아있지 않을 것이다.

*　*　*

모금가들이 이런 방식으로 콜투액션을 회피하는 이유는 곧바로 기부금을 요청하면, 음, 너무 적극적이라고 느끼기 때문인 것 같다.

비밀 한 가지가 있다. 아무도 여러분의 기부 요청에 속지 않는다. 기부자는 친구에게서 편지를 받았다고 생각하지 않는다. 여러분이 기부를 요청하려고 편지를 보낸 것을 안다. 요청하지 못하거나 요청하지 않는 체해서 얻을 수 있는 결과라야 불분명한 소통뿐이다.

그러니까, 그냥 요청하라.

사실 여러분이 명확한 콜투액션 모금을 실행하면, 너무 강요한다고 느끼는 기부자에게 불평을 들을지도 모른다. 하지만 이상한 점이 있다. 여러분이 간접적이고 콜투액션을 하지 않는 모금을 하려 해도 **역시 불평을 들을 것이다**. 그것도 정확히 똑같은 이유로. 사람들은 여러분이 너무 강요한다고 생각한다. 모든 모금가는 이런 불평을 듣는다. 불평을 듣지 않아도 되는 확실한 방법은 모금을 전혀 하지 않는 방법밖에 없다.

* * *

효과적인 모금 메시지의 콜투액션에 필요한 마지막 요소는 특정한 활동을 달성할 **구체적인 기부액**을 명시하는 것이다.

- ▶ 3천 원의 기부금으로 지역의 노숙인 한 명에게 따뜻하고 영양가 있는 한 끼를 제공하세요.
- ▶ 2만 원의 기부금으로 사라질 위기에 처한 열대 우림을 4,000제곱미터나 보존할 수 있습니다.
- ▶ 빈민가의 학교들에 만 원의 기부금으로 책을 제공할 수 있습니다.

의학 연구처럼 단위 기부금을 계산하기 힘들거나 고액의 기부금이 필요한 경우에도, 문맥 속에 금액을 삽입해야 한다.

▶이 심각한 질병의 치료법 개발에 다가가고 있으므로 5만 원이든 10만 원이든 당신에게 적절한 어떤 금액이라도 모든 기부금은 치료를 앞당길 수 있습니다!

이렇게 구체적으로 기부액을 설정하면 기부자를 대의에 실제로 연결시킨다. 기부자는 자신의 기부가 무슨 일을 하는지 알 수 있으므로 현실감을 더 느끼게 된다. 또 자신의 적은 기부금으로는 변화를 일으킬 수 없기 때문에 기부를 못 하겠다는 기부자의 태도를 극복하는 데에도 도움이 된다.

요컨대 성공적인 모금 메시지는 기부자에게 행동에 나설 기회를 주는 것이다. 여러분이 그 행동을 명확히 제시하지 않으면 성공할 가능성은 거의 없다.

10
추신. 당신을 사랑합니다

친구에게,

나는 네게 컴퓨터로 편지를 쓰고 있어. 내가 쓰고 있는 내용에 만족할 때까지 쉽게 고칠 수 있다는 뜻이지. 그리고 종이가 싸니까 원하면 언제든 몇 장이고 인쇄할 수 있어.

항상 이렇지는 않았어. 예전에는 편지를 대개 손으로 썼으니까. 수정하는 일은 너무 귀찮았지. 종이는 아주 귀했고. 그게 바로 편지를 쓰던 어떤 똑똑한 사람이 종잇값을 아끼고 수고를 덜어주는 놀라운 수단인 추신을 만들어 낸 이유야. 추신P.S은 라틴어인 **포스트 스크립텀**post scriptum의 약자로 '나중에 쓴'이라는 뜻이야.

생각해 봐. 오후 내내 허먼 경에게 편지를 공들여 쓰고 있어. 깃털로 만든 펜을 사용해서 서너 단어마다 잉크병에 담그고 있어. 전화도 이메일도 문자메시지도 없기에 편지가 길어. 손이 아프기 시작하고 목은 뻣뻣해지며 종이까지 동나고 있어.

마침내 편지의 끝에 이르러 서명까지 했어. 그때 문득 깨달았지. "아이고, 맙소사! 다음에 허먼 경이 보름 동안 머물러 우리 집에 올 때 마차는 가장 좋은 것으로 타고 와달라고 말하는 것을 잊었네!"

천만다행으로 그 말을 추신에 쓸 수 있어.

물론 지금은 상황이 달라. 설사 우편으로 편지를 보낼지라도 워드프로세서로 쓰잖아. 다 쓴 후에 더 쓸 말이 생각나면 다시 돌아가 삽입할 수 있지. 쉬워. 추신이 필요 없지.

네가 모금을 하지 않는다면 말야. 그래. 모든 모금 편지는 추신이 있어야 해.

모금 편지의 추신은 매우 분명한 기능이 있어. 그것은 앞에서 포함하는 것을 잊어버린 말을 덧붙였던 허먼 경에게 보내는 편지의 추신과는 달라. **너의 핵심 콜투액션을 다시 언급하는 문장**이야. 독자가 하기를 바라는 행동을 다시 한 번 말하는 마지막 기회지.

> 추신. 추석 명절에 노숙인 한 명에게 제대로 된 한 끼를 제공하는 데 3천 원밖에 들지 않는다는 사실을 기억해 주세요. 올해는 몇 명분을 준비해야 할지 알 수 있도록 9월 2일까지 기부금을 보내주세요.

> 추신. 박물관의 회계 연도가 9월 30일에 종료합니다. 그때까지 도착하는 당신의 기부금으로 우리의 전시품을 모두에게 계속 전시할 수 있습니다.

> 추신. 당신이 이 편지를 읽는 동안에도 3명이 더 파킨슨병 진단을 받았습니다. 이 질병의 새로운 치료법과 완치를 위해서 서둘러 기

부해 주세요.

간략함을 유지해. 콜투액션만 다시 써. 어떤 새 아이디어도 덧붙이지 말고.

추신은 기부자 대부분이 메시지에서 첫 번째로 읽는 부분 가운데 하나야. 기부자는 편지의 끝으로 곧장 가서 서명을 보고, 그 후 그들의 눈은 아래로 내려가 추신에 꽂혀.

어떤 기부자는 그러고 나서 편지의 처음으로 돌아가 읽기 시작해. 다른 기부자는 그대로 넘어가 아예 나머지를 읽으려 하지 않아.

이러한 행동은 DM에서 잘 알려져 있어. 그리고 이메일 모금을 대상으로 한 테스트에서도 사람들이 비슷한 식으로 이메일을 읽는 사실이 드러났어. 이메일의 추신은 이상해 보이는 만큼이나 대체로 반응을 높여줘.

추신이 모금 편지에서 가장 많이 읽히는 부분일 것이라는 말이야. 많은 독자에게 추신은 그들이 볼 유일한 부분이지. 그런 가정을 염두에 두고 추신을 써.

네가 작성하는 모든 모금 메시지가 매우 잘 만들어져 추신이 필요하지 않기를 바라. 하지만 그래도 추신을 넣어.

제프 올림

추신. 추신을 생략하지 마! 추신은 효과적인 모금 메시지의 필수 부분이야.

제3부

모금 글쓰기의 디자인

3개월마다 그들은 패션쇼를 다시 한다. 모델들은 무대를 성큼성큼 걸어 나와 패션 산업의 최신 스타일을 선보인다. 다른 세계에서 온 생명체처럼.

치마는 가시가 돋은 원자로의 냉각탑처럼 보인다. 모자가 있긴 한데, 저게 종이 접시인가? 구두는 제네바 협약에 따라 금지되었다. 모델들은 색조 화장 때문에 어딘가 아파 보이는데, 화장색은 실리 퍼티보다 더 반짝거린다.

그 후 새로운 스타일이 시중에 등장한다. 모두에게 다행스럽게도 모델들이 입었던 옷과 전혀 같지 않다. 사실 보통 사람들이 오랫동안 입었던 옷과 크게 다르지 않다.

디자이너들은 패션에 관해 난해한 아이디어를 갖고 있지만, 평범한 남녀가 살 만한 옷이 무엇인지도 알고 있다. 따라서 그들은 자기 상상력을 만족시키는 디자인과 판매하는 디자인을 구별하는 법을 배웠다. 잘못된 방식이 아니다.

나는 모금도 그랬으면 좋겠다. 우리가 좋아하는 디자인을 과시하는 방식. 기부자에게 쓸데없이 강요하지 않으면서. 하고 싶은 디자인을 실컷 하고 나서 사람들이 기부하도록 실제로 동기를 부여하는 일로 기꺼이 돌아갈 수 있다. 이렇게 하면 시간과 비용을 매우 많이 절감할 것이다!

실제로 효과적인 모금 글의 디자인은 보통 구식이며 글자가 많은 데다 '산만하고' 불만스러울 정도로 실용적이다. 시각적으로 관심을 끌거나 아름답기보다 오로지 사람들의 반응을 유도하는 게 목적이다.

우리는 앞으로 모금 글의 실제 디자인을 살펴본다. 효과적인 방식. 여러분과 단체의 디자이너가 미처 몰랐던 다음과 같은 몇 가지 원칙을 알게 될 것이다.

▶ 눈에 띄고 모던한 디자인을 만들어 내는 활자체는 모금에서는 거의 사용하지 말아야 한다.
▶ 모금 성과는 과도한 밑줄의 사용과 여러 형태의 멋없는 강조법에 달려있다.
▶ 단체 사람들이 거의 다 좋아하는 이미지는 종종 모금에서는 정확히 잘못된 이미지다.
▶ 모금 디자인의 가장 중요한 세 가지 특징은 단순함, 진부함, 분명함이다.

다음에 오는 몇 장은 모금 디자인의 입문이 **아니다**. 여러분을 솜씨 좋은 디자이너가 되게 하지 않는다. 단순히 해야 하거나 하지 말아야 할 몇 가지 핵심 사항을 제시할 뿐이다.

디자이너라면 이런 사항들이 불만스러울 수도 있다. 하지만 내가(또는 여러분이) 이에 대해 할 수 있는 일은 없다. 모금하기를 원한다면 여러분 자신의 규칙이 아니라 기부자의 규칙을 따라야 한다.

11

노안을 배려하는 디자인

사람들이 한동안 내 목소리가 높아지고 불안정해졌다고 말했지만, 변성기가 지나자 더 이상 전화상으로 나를 어머니로 착각하지 않았다. 그래도 괜찮았다.

다들 아빠가 되는 것은 내가 독립적인 존재에서 전일제 무급 기사로 바뀌는 것이라고 말했다. 그것도 괜찮았다(보상해 주는 요소들이 있다).

하지만 아무도 내게 다초점 렌즈에 대해 말해 주지 않았다. 다초점 렌즈는 그다지 괜찮지 않다.

알고 보면 인생은 변화투성이고 그 중 대다수는 피할 수 없다. 청소년기를 지난 사람들이 어떤 일을 겪고 있는지 이해한다면 그들을 잘 대하는 데 언제나 성공할 수 있다.

다초점 렌즈는 '일정한 나이'에 도달하면 피할 수 없는데, 그 나이가 대략 40세다. 인간의 두 눈은 언젠가는 노안이 된다. 노안이라는 말은 '당신의 눈이 예전처럼 기능하지 못한다'라는 그리스어에서 유래되었다고 알고 있다.

나이가 들수록 노안은 심해진다. 60세 이상이 되면 사실상 모든 사람이 다초점 안경을 쓰거나 써야만 한다.

즉……**여러분의 기부자는 다초점 안경을 쓴다**.

여러분이 아직 다초점 안경을 쓰지 않는다면 그 안경에 대해 말해 주겠다. 다초점 안경은 대체로 괜찮다. 하지만 읽기는 어려운 일이다. 안경을 코 위로 추켜올렸다 내려쓴다. 목을 길게 빼고 고개를 옆으로 갸우뚱하면서 분명하게 잘 보이는 지점을 찾으려고 노력한다. 가능한 많은 빛을 받으려고 애쓰며 종이를 기울인다. 때로는 그저 포기해 버린다.

노안 클럽의 회원으로서 나는 선언한다.

어떤 가치나 흥미가 있든 없든, 무언가를 읽으려고 노력하면서 많은 시간을 보내기에는 (다초점 안경이 우리에게 일깨워 주듯) 인생은 너무 짧다.

그 수고로움을 최대한 줄일 수 있도록 여러분의 모금 글을 디자인하라. 모금 글이 얼마나 멋져 보이는가는 중요하지 않다. 읽기 힘들다면 그 글은 아주 무례하다. 아무도 여러분의 글을 억지로 읽지 않는다는 사실을 기억하라!

물론 사람들에게 영향을 주기를 바라는 어떤 디자인도 분명하고 방해 요소가 없으며 읽기 쉬워야 한다. 독자가 누구든 그건 사실이다. 심지어 핀의 머리 부분 위에서 춤추는 천사를 볼 수 있을 만큼 시력이 좋은 아이도.

하지만 높은 연령대의 독자와 소통할 때는 가독성에 대한 니즈가 최우선 사항으로 급부상한다. 그리고 모금에서는 대체로 그렇다.

지금부터 내가 말하려는 내용 몇 가지는 일부 디자이너에게는 불쾌한 내용일 것이다. 그들은 디자인이 문자와는 다르게 콕 집어서 말할 수 없는 방식으로 감정을 전달한다고 말할 것이다. 또 사물이 보이고 느껴지는 방식은 소통의 가장 근본적인 단계라고 지적할 것이다. 디자인이 글의 토대를 마련하고, 좋은 디자인으로 인해 기부자가 단 한 글자를 읽기도 전에 기부할 의사가 생길 수도 있다고 말할 것이다.

나는 완전히 동의한다. 좋은 디자인은 그 모든 것을 하고 그 이상도 한다.

하지만 디자인이 목적을 달성하기 위해 애쓰는 사이 글이 잘 읽힐 수 없게 된다면, 그것은 그저 **나쁜 디자인**이다. 부디 내 말을 새겨들어라. 읽기 어렵다면 나쁜 디자인이다. 아무리 멋져 보일지라도.

자, 좋은 소식이 있다. 멋진 디자인과 높은 가독성은 대립하는 가치가 아니다. 괜찮은 '모습'을 얻기 위해 때로는 가독성을 포기해야 한다고 주장하는 디자이너는 누구든 디자인을 잘 모르는 디자이너다. 그런 디자이너는 여러분의 모금에 걸림돌이 된다. 아무리 스타일이 멋지고 알이 작은 안경을 썼을지라도 대의에 도움이 되지 않는다.

이제 나는 디자인의 한 영역인 활자에 초점을 맞출 것이다. 디자인에는 활자 외에도 훨씬 더 많은 영역이 있지만, 나쁜 디자인이 가장 자주 나오는 곳이 활자다.

모금 메시지에 절대 쓰면 안 되지만 자주 쓰이는 몇 가지 활자체가 있다.

제3부 모금 글쓰기의 디자인

산세리프체

산세리프체(고딕체 같은)는 여러분이 지금 읽고 있는 윤명조체와 같은 세리프 계열의 서체보다 읽기가 훨씬 더 힘들다. 실제로 연구에 따르면 산세리프체는 독자의 이해도를 급격히 떨어뜨린다. 산세리프체로 된 글을 읽은 독자는 그 내용을 덜 이해하고 덜 기억하게 된다.

많은 디자이너가 더 깔끔하고 더 모던해 보여서 산세리프체를 **좋아한다**. 디자이너가 아닌 사람 대부분도 산세리프체를 더 좋아한다고 말한다. FGI에서도 마찬가지다.

하지만 그 선호도는 모금과 아무 관련이 없다. 우리는 사람들이 우리의 활자체에 감탄하도록 애쓰지 않는다. 우리의 대의에 지갑으로 화답하도록 노력한다.

여러분의 모금 메시지가 세리프체로 된다면, 더욱 많은 사람이 읽고 이해하며 간직할 것이다. 그리고 그것은 그들이 더 많이 반응한다는 뜻이 된다. 여러 테스트는 이 사실에 대해 분명한 결과를 보여준다. 산세리프체는 모금 실적의 감소를 의미한다. 산세리프 계열의 활자를 슈퍼맨이 크립토나이트를 생각하듯 여겨라.

두 가지 예외가 있다.

1. 제목은 산세리프체로 해도 잘 읽힌다.
2. 온라인에서는 산세리프체가 세리프체보다 읽기 더 쉽다. 사실 인쇄물에서 산세리프체를 피해야 하는 만큼이나 온라인에서는 세리프체의 사용을 피해야 한다.

검은색이 아닌 활자

검은색이 아닌 어떤 색으로 된 글도 읽기가 상당히 더 힘들다.

회색 활자는 디자이너들에게 특히 인기가 있는데, 그들은 검은색 활자가 '눈에 거슬리거나 어두워' 보인다고 말할 것이다. 그들이 검은색 활자로 된 글에 대해 무엇을 말하든, 여러분이 사용해야 할 색은 정말 검은색뿐이다.

제목에는 다른 색을 사용해도 크게 문제가 되지 않으며 색채의 부정적인 영향이 중요하지 않다. 하지만 제목도 반드시 배경과 뚜렷이 대비되는 어두운 색으로 하라.

음영 위의 활자

흰색이 아닌 어떤 색 위의 활자도 읽기가 더 어렵다. 여기서 원칙은 활자와 배경의 차이가 최대가 되면 가장 읽기 쉽다는 것이다. 흰 바탕 위의 검은 활자에서 멀어질수록 글은 읽기가 어려워진다. 음영이 있는 배경을 써야 한다면 활자와 배경의 차이가 5퍼센트 이하가 되게 유지하라. 그러면 여전히 읽을 만할 것이다.

반전 활자

반전 활자(어두운 배경 위의 흰색이나 밝은 색 활자)는 가독성을 가장 많이 떨어뜨리는 원인 중 하나다. 이미지 위에 있을 때는 훨씬 더 나쁘다.

유감스럽게도 반전 활자를 쓰면 매력적인 디자인이 가능하므로 이를 디자이너들이 매우 좋아한다. 디자인 포트폴리오에서는 멋져 보이겠지만 모금 실적을 뚝 떨어뜨린다. 이처럼 반전 활자는 미적 측면과 모금 실적 측면에서 상충하는 결과를 낳기 때문에 여러분이 반전 활자를 옹호하는 데 어려움을 겪을 수 있다.

글을 반전하여 인쇄하면 그 글은 읽히지 않는다고 생각하라. 그냥 그렇게 하지 말라!

작은 활자

때때로 나는 12포인트가 사용할 수 있는 가장 작은 활자이기를 바란다. 12포인트 아래로 내려가면 독자들이 글을 따라갈 수 없게 되기 때문이다.

신문과 책이 대부분 10포인트 정도로 맞춰지므로, 12포인트를 최소 크기로 해서 그 밖에 가독성을 위해 필요한 디자인을 구상하라고 제안한다. 다초점 렌즈를 기억하는가?

모금 글에서 매우 작은 크기의 활자를 사용하는 타당한 이유가 있는데, 주된 이유는 글에 반드시 있어야 하지만 실제로 읽을 필요가 없는 내용이 있기 때문이다. 변호사들과 주 규제 당국이 넣으라고 하는 내용 말이다.

하지만 기부자가 읽기를 진심으로 바란다면, 12포인트보다 더 작게 하지는 말라. 아예 12포인트 이상으로 하는 게 낫다.

디자이너들은 간혹 그들에게 주어진 지면에 맞추기 위해 글자 크기를 줄인다. 이는 일반적으로 문제에 대한 잘못된 해결책이다. 올바른 해결

책: 12포인트로 하고 지면에 맞추기 위해 글을 수정하라.

나는 대학생들이 무거운 것을 매단 신발, 걷기 힘들게 만든 바지, 시야를 흐릿하게 하는 안경을 쓰라고 요청받은 실험에 대해 읽었던 것을 기억한다. 그 실험의 목적은 젊은 사람들이 나이가 들면 어떨 것 같은지 경험하게 한 후 노년층에 대한 태도가 변하는지를 보는 것이었다.

그들은 완전히 바뀌었다. 노년층을 '진짜 사람들'로 보았다. 훨씬 더 호의적이었다. 적어도 한동안은.

그 실험에 대해 내가 할 수 있는 말은 이게 전부다. **나도 시야가 흐릿해지는 그 안경을 갖고 싶다!** 그래서 그 안경을 40세 미만의 모든 모금가에게 나눠줄 수 있도록.

그렇게 하면 모금 글의 디자인에 절실히 요구되는 변화가 일어나리라고 생각한다.

12

강조를 아끼지 말라

우리는 가끔 완벽하고 정돈된 삶을 꿈꾼다. 취소된 항공편이나 변덕스러운 상관으로 인해 심한 충격을 받지 않는 삶. 감기에 절대 걸리지 않는 삶. 머리 모양이 엉망인 날도 없는 삶. 모든 일이 항상 여러분이 원하는 대로 되는 삶.

그런 삶에는 놀랄 일이 없다. 차는 필요할 때는 언제나 시동이 걸린다. 열쇠는 항상 여러분이 생각하는 바로 그 자리에 있다. 반면에 크리스마스도 생일도 없다. 걸음을 멈추고 하늘을 온통 물들인 저녁노을을 하염없이 바라보는 일도 없다. 뜻밖에 옛 친구를 만나는 일도 없다.

변화는 여러분이 어디에 있는지 말해 준다. 그리고 언제인지. 심지어 왜 거기 있는지도. 변화가 없는 삶은 견디기 힘들 것이다.

변화가 없는 삶을 글로 치자면 문단의 나뉨, 들여쓰기, 그 밖에 낱말의 흐름에 변화를 주는 어떤 것도 없는 형태의 페이지다. 그런 글은 아무리 흥미로워도 읽기 힘들 것이다. 독자 대부분이 몇 초 이내에 읽기를 중단할 것이다. 모금에서는 돌연사와 같다.

그것이 모금 글이 강조에 비중을 많이 두는 이유이다. 아니면 모금 글을 혹평하는 사람들이 자주 말하듯 '그토록 조잡한 밑줄 긋기'. 종종 전형적인 모금 편지는 시간이 남아도는 대학 신입생이 파란 펜으로 지나치게 열성적으로 쓴 것처럼 보인다.

모금 글이 조잡하다고 생각하는 사람이 여러분만이 아니다. 사실 사람들이 모금 글에 대해 불평할 때 그들은 자주 밑줄 긋기를 언급한다. 보기 흉하다고. 어떤 이들은 무례하다고까지 말한다.

나는 **흥!**이라고 대꾸한다. 여러분도 그러기를 바란다.

밑줄을 긋지 않으면, 글이 보여주는 방식에 대한 투덜거림보다 훨씬 더 나쁜 결과를 얻을 것이다. **반응 자체가 줄어들** 것이다.

글 쓰는 사람에게는 슬픈 현실이지만, 대부분의 독자는 글을 대충 훑어보다 관심을 끄는 다른 글이 있으면 읽기를 관두고 다른 글로 옮겨간다. 독자가 그렇게 많이 한다면 우리는 운이 좋다.

따라서 우리는 밑줄을 그어 독자의 관심을 붙들어서 그들이 읽던 것을 멈추고 우리의 글을 읽게 해야 한다.

모든 밑줄은 편지로 들어오는 시각적 진입점이자 관심을 더 가져달라는 자극이다. 사람들의 관심을 얻으면 그만큼 더 반응에 가까워진다.

어디에 밑줄을 그어야 할지 아는 방법이 있다. 모금 글의 페이지나 화면을 보고 자신에게 물어보라. **기부자가 읽기를 가장 많이 바라는 두세 구절은 무엇인가?**

다음과 같을 것이다.

▶ 콜투액션.

아파트 담장이 해변의 끝자락을 가로막기 전에 우리의 공공 해수

욕장을 보존하고 싶다면 지금 당장 기부금을 보내 주세요!

▶ 스토리의 특별히 극적인 부분.

한 무리의 아이들이 함께 기어다니며 땅에서 벌레를 집어 먹는 광경을 볼 때까지 우리는 굶주림이 얼마나 심각한지 알지 못했습니다.

▶ 대화에서 더 크게 말하는 한 단어.

당신이 내가 아는 그런 사람이라면, 개들을 서로 싸우고 죽이게 내모는 투견에 대해 들었을 때 <u>아니라고</u> 말해야 합니다.

밑줄을 너무 길게 긋지 말라. 보통 한 줄보다 짧게. 두 줄 이상이 되면 본래의 목적을 잃고 시각적 혼란을 준다.

밑줄 긋기가 모금 글에서 강조점과 진입점이 생기게 하는 유일한 방법은 아니다. 몇 가지가 더 있다.

▶ <u>하이라이트</u>. 몇 단어 위의 밝은 노란색은 눈길을 정말 잘 끌 수 있다.

▶ **볼드체** 또는 *이탤릭체*. 이들은 밑줄을 대신하지는 못하지만, 그다음으로 강조할 수 있는 좋은 방법이 될 수 있다.

▶ **큰 활자**. 그렇다. 구절의 크기를 몇 포인트 더 크게 해서 두드러져 보이게 할 수 있다.

▶ **부제목**. 많은 출판사와 웹사이트가 하듯 이따금 흥미로운 제목들을 달아 글을 나눠보라.

▶ 추가로 들여쓰기를 한 문단. 한 문단의 왼쪽 여백을 12.5밀리미터

만 더 들여 설정해도 사람들의 눈길을 끌 것이다.

▶ 여백에 손 글씨 메모. → 모렁끼!

이런 유형의 강조법은 인쇄 매체, 특히 편지처럼 양이 많은 글에 주로 적합하다. 하지만 온라인을 비롯해 어디에서나 사용할 수 있다.

온라인 매체는 하이퍼링크라는 특별한 강조법이 있다. 하이퍼링크는 밑줄이고, 다른 색이자, 독자가 취할 수 있는 행동이기도 하다. 이메일과 웹페이지에 하이퍼링크를 자주 삽입하라. 다만 우리가 원하는 행동에서 독자가 멀어지는 곳이 아니라 독자가 이동하기를 원하는 위치(기부 페이지 같은 곳)로 연결해야 한다.

글의 모든 페이지는 적어도 한 개의 진입점은 있어야 한다. 페이지의 크기에 따라 두세 개가 더 좋지만 네다섯 개 이상은 안 된다. 강조를 너무 많이 하면 전혀 하지 않는 것과 같다.

무엇을 하든 오랜 모금 작가의 운율을 잊지 말라.

내가 밑줄 긋는 걸 깜빡 잊었지,
기부자들 반응은 쭈룩 줄겠지.

13

이미지를 효과적으로 사용할 것

그때는 4학년의 교통안전 주간이었고 나는 신이 났다. 우리는 안전 포스터를 그리게 되었는데, 나는 정말 끝내주는 주제를 숨겨두고 있었다.

히히, 나는 막 새 겨울 코트를 샀다. 짙은 남색에 후드가 달리고 엄청나게 긴 데다 무엇보다 양팔의 윗부분에는 형광 줄무늬를 두르고 있었다. 내 줄무늬가 너무 눈부셔서 차들이 내게 도달하기 몇 블록 전에 끼익 멈추는 모습을 그려볼 수 있었다. 내 생각에는 그 줄무늬가 지구에서 가장 근사하고 TV에서나 볼 수 있는 최첨단 안전장치였다. 내 교통안전 주간 포스터에 보여주기 딱 좋은 때에.

내 포스터에 관해 알아야 할 가장 중요한 사실은 얼마나 잘 그렸는가이다. 침팬지가 그린 그림을 본 적이 있는가? 나는 그 침팬지들 가운데 가장 잘 그리는 축에 들어갔을 것이다.

교통안전 포스터에 나는 거의 검정에 가까운 색에 후드가 달린 코트를 입고 어둠 속을 걷고 있는 나 자신을 그렸다. 오른쪽 위에는 초승달이 있었다. 정말 찬찬히 들여다보면, 내가 코트의 형광 줄무늬를 흰색 크레파스로 그렸으나 들쭉날쭉 엉망으로 칠하는 바람에 잘 보이지 않는 다는 사실을 알아차렸을 것이다. 아래에는 이렇게 썼었다. '어두워진 후에는 밝은 옷을 입으세요!'

나는 나중에 블레위트 담임 선생님이 몹시 염려하면서 부모님께 전화했다는 사실을 알게 되었다. 나의 부족한 예술적 재능 때문이 아니라 내 태도 때문에.

선생님은 내 포스터에서 온통 검은색으로 차려입고 어둠 속에서 어슬렁거리며 규범적인 안전 메시지에 노골적으로 반항하는 아이를 아무렇게나 그려놓은 그림을 보았다.

선생님은 포스터가 사춘기를 지나는 청소년들에게는 흔히 보이지만 4학년 아동에게는 보기 드문 그런 비뚤어진 풍자라고 생각했다. 교통안전을 비꼬는 것은 공산주의를 수용하는 것과 같았다.

부모님은 블레위트 선생님의 오해를 바로잡았다. 내 포스터가 잘 그린 것은 아니지만 열심히는 그린 것이라고 했다. 내가 불량한 태도를 보이는 단계는 아직 몇 년 더 있어야 했다.

하지만 내 포스터는 교통안전 주간 전시회에 다른 포스터들과 함께 진열되지 않았다. 선생님은 선의로 그린 포스터도 불량한 태도를 가진 것처럼 **보이기만** 하면 4학년의 질서 의식과 애국심에 위협을 가한다고 생각했던 게 틀림없다.

그것이 선의로 했으나 부적절한 이미지로 인해 내 메시지가 침해당했던 첫 번째 경험이었다. 하지만 마지막은 아니었다.

이미지는 모금에서 어려운 과제다. 내가 4학년에서 그랬듯 기술의 부족함은 어지간해서는 문제가 되지 않는다. 훨씬 더 많은 경우, 이미지가 잘못된 정보를 전달하기 때문에 문제가 된다.

모금가 대부분은 사람들의 사진이 성공적인 모금 메시지의 필수 부분이라는 사실에 동의한다. 그 말이 완전히 맞는 것은 아니다.

좋은 이미지의 영향력은 매우 크다. 글로만 전달하는 것에 비해 메시지를 또렷하게 가다듬어 감정의 핵심을 더 효과적으로 각인시킨다.

남수단에서 굶주림으로 바짝 여위어 맥을 못 추고 땅에 엎드린 아이의 그 유명한 사진을 본 적이 있다면 결코 잊지 못할 것이다. 1미터 남짓 떨어진 곳에 등을 구부린 대머리독수리 한 마리가 굶주린 눈으로 불길하게 아이를 노려보고 있다. 그 이미지에 힘입어 수십억 원의 기부금이 모였고, 그 결과 수많은 생명을 구할 수 있었을 것이다. 그것은 적절한 사진으로 할 수 있는 일이다.

하지만 부적절한 사진은 메시지에 해가 될 수 있다. 심지어 가장 효과적인 모금 글이 해 온 일도 수포로 돌아가게 할 수 있다.

사진은 세 가지 방식으로 모금 메시지에 문제를 자주 일으킨다.

1. 사진이 메시지와 모순된다

글은 '아이들이 굶주리고 있으며……그들을 도와주시겠습니까?'라고 하지만, 행복하고 포동포동한 아이들의 사진이 있다. 그들은 배고파 보이지 않는다. 슬프지도, 걱정스럽지도, 고통스럽지도 않고 심지어 불편해 보이지도 않는다. 사진은 글보다 더 많은 것을 말하며, 더 많은 감정을 싣는다. '걱정하지 말아요. 아이들은 아주 잘 지내요.'라는 헤드라인을 다는 편이 낫겠다.

기부자에게 누군가 빈곤에 시달리고 있다고 말하려면 빈곤에 시달리고 있는 누군가를 보여주는 이미지를 사용하라. 그들이 절망에 흐느껴 울거나 파리로 뒤덮일 필요는 없지만, 활짝 웃고 있어서도 안 된다.

2. 사진이 동정이 가지 않는 사람들을 보여준다

인간의 얼굴은 많은 정보를 전달한다. 필름에 포착된 표정 하나가 정성스레 쓴 글의 몇 문단보다 더 많은 것을 말할 수 있다. 때때로 그 표정이 기부하려는 마음을 막는다.

   카메라를 향해 노려보고 있는 것 같은 사람은 적대적인 메시지를 보낸다. 이런 일은 종종 일어나는데, 어떤 사람들은 고통을 겪거나 두려울 때 이마를 찌푸리기 때문이다. 그들이 노려보고 있는 것처럼 보인다. 그렇게 하고 있지는 않지만, 그렇게 보이는 것이다. 무의식적으로 강하게 '저리가. 당신들이 싫어.'라는 메시지를 보낸다. 그리고 그것은 정확히 기부자가 하게 될 행동이다. 기부자는 가버릴 것이다. 자신을 향해 적대적인 태도를 보이는 사람에게 도움의 손길을 내밀고 싶은 사람이 누가 있겠는가?

   나는 피사체가 경멸하듯 비웃는 사진이 모금에 쓰인 것을 본 적이 있다. 또는 조롱 섞인 쓴웃음. 또는 수상쩍게 곁눈질하는 모습. 이 이미지들로 인해 기부자의 마음에서 동정심이 모두 사라지고, 기부자들은 사진에 있는 사람들이 정직하지 않거나 동정을 받을 자격이 없다고 생각하게 된다.

   기부자를 쫓아버릴 것 같이 의도치 않은 메시지가 있는지 확인하려면 항상 사진 속 사람들의 표정을 살펴보라.

3. 사진이 혼란스럽다

여러분이 쓴 사진이 여러분에게 보이는 것과 외부인에게 보이는 것이 같지 않을 때가 있다.

나는 노숙인들이 노숙에서 벗어나도록 돕는 일을 하는 사회복지기관과 함께 일한 적이 있다. 기관이 하는 일을 소개하는 안내 책자에 넣을 사진으로, 기관 직원은 그들 중 한 명이 노숙인들과 상담하는 사진을 골랐다.

사진은 세 남자가 편안한 의자에 앉아 빈둥거리는 모습처럼 보였다.

기관의 직원에게는 그것이 그들의 일을 정확히 묘사하고 있었다. 어쨌든 상담은 대화이고, 사람들의 마음이 편할 때 대화가 더 잘 흘러간다. 하지만 사람들 대부분에게는 이 남자들이 편안히 쉬면서 수다를 떨고 맥주를 마시는 것처럼 보였다.

비전문가, 즉 사실상 모든 사람은 노숙인를 위한 자선이 일종의 활발한 봉사활동 같아 보이기를 기대한다. 수프 나눠주기, 담요 건네기, 건강 검진하기. 사진이 이런 기대를 충족시키지 못할 때 잘못된 메시지를 보내며, 그것도 글보다 더 강하게 보낸다.

흔히 볼 수 있는 혼란스러운 사진의 또 다른 유형은 '우리는 많은 사람을 돕습니다.'를 보여주기 위한 사진이다. 많은 사람이 한데 모여 도움을 받는 사진은 자선 행위가 아니라 통제하기 힘든 군중처럼 보인다. 비전문가는 거기서 벌어지고 있는 선행을 인지하지 못한다. 그들은 사람들의 무리를 본다.

이런 실수는 우리가 알아차리기 힘들어서 흔하다. 지식이 너무 많아서 보지 못하는 것도 있다. 여러분은 사진이 무엇을 말하는지 아니까 겉으로 보이는 모습을 분명히 알아차리지 못할 수도 있다. 하지만 기부자 대부분은 겉모습만 볼 뿐이다.

여러분이 보지 못하는 상황을 극복하고 기부자의 마음을 사로잡는 이미지를 고르는 두 가지 방법이 있다.

▶ 사진을 판단하는 기준에서 '내가 좋아한다'와 '내가 싫어한다'를 없애라. 대신 사진이 보여주는 모습과 그것이 다른 사람에게 미치는 영향을 기준으로 삼아라. 여러분이 어떻게 반응하는가는 관련이 없다. 심하게 말하면 여러분의 반응이 잘못된 방향으로 이끌 가능성도 있다.
조직의 내부자로 여러분은 성공한 이미지로 인해 보답받는다고 느낀다. 이미지는 여러분의 노고를 입증한다. 하지만 외부인에게 성공한 이미지는 그들이 행동할 필요가 없다는 신호를 보낸다. 충족되지 않은 니즈를 담은 이미지는 행동할 동기를 부여한다. 가장 효과적인 사진은 어쩌면 여러분의 바로 곁에 있지 않을 것이다. 경험이 많은 모금가는 그 사실에 익숙해진다.
▶ 비전문가에게 사진에서 보이는 것을 말해달라고 요청하라. 여러분이 가진 지식이라는 눈가리개를 그들은 갖고 있지 않다. 사진의 질이나 정확성에 관해 평해달라고 청하지는 말라. 그저 무엇이 보이는지 말해달라고 하라. 종종 당신이 놓치고 있는 게 무엇인지 알고 깜짝 놀랄 것이다.

피해야 할 종류의 사진을 말했다. 이제부터 주목하지 않을 수 없는 모금 이미지를 얻기 위한 몇 가지 긍정적인 특징을 소개한다.

▶ 피사체와 똑바로 눈을 마주치는 모습을 보여주려고 노력하라. 눈맞춤은 본질적으로 관심을 사로잡아서 사진을 보는 사람을 이미지 속으로 끌어들인다. 모금에 도움이 되는 강렬한 사진과 아무 소용도 없는 사진의 차이는 대개 이것이다.

▶ 집단보다 한 명의 이미지를 사용하라. 사진을 보는 사람은 군중보다 한 얼굴과 소통하는 게 훨씬 더 쉽다.

▶ 물체 사진보다 인물 사진이 대체로 더 효과가 있다. 여러분은 우물을 파게 도와달라고 기부자에게 요청하고 있겠지만, 우물은 여러분이 제시하는 '결과물'이 아니다. 결과물은 여러분이 구한 사람들이다.

▶ 스톡 사진(셔터스톡 등과 같은 사진 사이트에서 내려받은 사진-옮긴이)을 사용하지 말라. 스톡 사진은 현실감이 없고, 사람들 대부분이 진짜가 아니라는 사실을 알아차릴 수 있다. 완벽하지만 진짜가 아닌 스톡 사진보다는 질이 낮더라도 진짜 사람들의 사진을 사용하는 것이 더 낫다.

여러분이 사진술에 대해 많이 알고 있다면, 내가 기법에 대해 아무 말도 하지 않은 것에 놀라고 실망할지도 모른다. 구성, 색조, 대비. 전문 사진작가가 능숙하게 다룰 줄 아는 기법들.

그것은 사진에 보이는 현실감이 기법보다 훨씬 더 중요하기 때문이다. 물론 좋은 기술로 찍은 사진이 못 찍은 사진보다 낫다. 하지만 모금은 예술이 아니다. 탁월함은 기법이 아니라 반응으로 판단된다.

그런데 만약 여러분에게 적절한 사진이 없으면 어떻게 할까? **아무 사진도 없는** 게 잘못된 사진보다 낫다. 글로만 사업을 수행하는 것을 두려워하지 말라. 잘못된 이미지 때문에 메시지를 딴 길로 새는 것보다 훨씬 더 낫다. 이것이 4학년의 내가 배운 소중한 교훈이다!

14

단순하고 진부하며 분명하게

아이작 뉴턴 경이 나무에서 사과 하나가 떨어지는 광경을 보았다. 많은 사람이 그러듯 파이를 생각하는 대신에 그는 **사과는 왜 저렇게 급히 땅으로 떨어질까?**라고 스스로 물었다.

이 의문을 통해 그는 중력의 법칙을 발견했다. 그것은 우리가 알고 있듯이 궁극적으로 과학의 발전으로 이어졌다.

하지만 중력을 뉴턴의 탓으로 돌리지 말라. 그가 등장하기 전에도 중력 때문에 수백만 년 동안 수백만 그루의 나무에서 수백만 개의 사과가 떨어졌다. 뉴턴은 그저 다른 사람들이 했던 것보다 더 주의 깊게 살폈을 뿐이었다.

현명한 모금 전문가는 아이작 뉴턴 경과 다소 비슷하다. 관찰자다. 우리는 우리의 일이 우편제도나 인터넷으로 진행되는 것을 지켜본다. 대부분은 영원히 사라지지만, 일부는 기부금과 함께 되돌아온다. 이는 대체로 예측할 수 있는 방식으로 전개된다. 신뢰성이 그 정도는 아니겠지만, 중력처럼 말이다.

실제로 면밀한 관찰을 통해 모금가들은 '디자인의 법칙' 세 가지를 발견했다. 우리가 잘 따른다면, 우리의 모금 메시지가 결실을 볼 수 있게 하는 실행 방법. 이 법칙들은 다음과 같다.

1. 단순하게 할 것.
2. 진부하게 할 것.
3. 분명하게 할 것.

참고로 우리는 이 법칙들을 만들지 않았다. 단지 이 법칙들을 따르면 반응을 더 많이 얻는 사실을 관찰했을 뿐이었다. 각 실행 방법을 살펴보자.

제1법칙: 단순하게 할 것

DM은 눈에 띄어야 한다. 눈에 띄면 개봉될지도 모른다. 개봉되면 읽힐지도 모른다. 읽히면 반응이 올지도 있다.

이 사실 때문에 많은 모금가가 제1 법칙을 어긴다. 그들은 봉투를 지나치게 꾸민다. 봉투를 이미지와 활자로 뒤덮는다. 때로는 예술 작품처럼 아름답게, 때로는 타임스 스퀘어처럼 복잡하게.

이것은 대개 실수다(늘 그렇지는 않다. 그것에 대해 곧 설명하겠다). 광고가 넘쳐나는 우리 사회, 눈이 가는 곳마다 관심을 끌려는 누군가가 있는 사회에서, 속삭임은 외침보다 더 강한 효과를 줄 수 있다.

직접 테스트해 보니, 이미지나 티저(개봉을 유인하는 문구-옮긴이)가 없는 봉투가 티저가 있는 봉투보다 4번 중 3번꼴로 더 나은 결과를 보인다. 일반적으로는 단순한 봉투가 무난하다.

그렇다면 봉투의 티저가 옻나무와 같아서 이를 가까이하려는 것은 그저 해롭기만 한 생각이라고 결론을 내릴지도 모른다.

나는 그렇게 생각하지 않는다. 다만 티저가 대부분 너무 형편없어서 이롭기는커녕 해롭다. 아무것도 없는 게 차라리 낫다. 하지만 **좋은** 티저가 있는 봉투는 언제나 눈에 띄지 않는 봉투보다 나은 결과를 낳는다.

정말 많은 티저가 봉투를 열게 하는 데 실패하는 주된 이유는 아무런 궁금증도 남기지 않기 때문이다. 봉투가 배포되지만, 그 안을 열어 들여다볼 어떤 이유도 기부자에게 남기지 않는다. 다음과 같이.

▶ 우리가 전년도의 적자를 메우고 새 사업 연도를 출발할 수 있게 도와주세요.
▶ 배고픈 아이들이 당신의 기부를 기다리고 있습니다.

그렇게 적힌 봉투를 왜 열겠는가? 봉투 안에 무엇이 들었는지 이미 안다. 그런 봉투는 쉽게 성공하지 못한다.

호기심은 동기를 유발하는 매우 효과적인 요소다. 누드 비치를 가본 적이 있는가? 그렇다면 모든 게 드러났을 때 얼마나 덜 유혹적일지 알고 있다.

궁금증을 자아내지 않을 때가 효과적인 세 가지 주요 예외 상황이 있다.

1. 모든 사람에게 매우 중요하고 절박해서 간단하고 숨김없이 표현해

야 할 때. 2011년 일본에서 지진과 쓰나미가 일어난 후 며칠간은 **일본인 생존자들이 도움을 기다리고 있습니다**가 효과적인 티저였을 것이다.
2. 여러분의 모금 콜투액션이 '좋은 거래'일 때. 기부자의 기부하려는 마음을 시원하게 넓혀 기부자가 평소보다 훨씬 많이 기부하게 하는 방안을 말한다. **매칭 펀드가 당신의 기부금을 두 배로 만들어 드립니다**를 변형한 티저가 실패하는 법은 없다.
3. 어떤 경우에는 '연례 모금 캠페인'을 다양하게 표현한 티저가 적힌 봉투가 효과적이다. 얼마나 성공적이던지 놀라웠다. 마치 "여기 당신의 기부금 고지서가 있어요. 납부할 시간입니다."라고 말하듯 뻔해 보일 수 있지만, 많은 기부자의 기대감을 이용한다. 모든 사람에게 효과가 있지는 않지만, 시도해 볼 만한 가치가 있을 것이다.

나는 DM 봉투에 대해 말하고 있는데, 단순한 디자인이 가장 강한 효과를 발휘하는 곳이 DM 봉투이기 때문이다. 하지만 '단순하게 할 것'은 모금의 거의 모든 영역에 유용한 조언이다.

'단순하게 할 것'은 온라인에서도 효과가 좋다. 이메일에서 문자만 있는 메시지는 단순한 봉투와 같다. 그런 이메일은 거의 모든 테스트에서 더 좋은 결과를 보인다(사실 내가 아는 한, 문자만 있는 이메일을 이기는 방법은 감정에 호소하는 그런 보기 드물고 설득력 있는 이미지를 사용한 메시지를 보낼 때뿐이다).

제1 법칙의 특이한 점은 **그 법칙을 가끔 어겨야 한다**는 사실이다.

여러분이 주로 단순한 디자인을 사용한다면, 간혹 '화려하게 장식된' 봉투가 좋은 결과를 얻을 것이다. 확실히 변화를 주는 것이 가끔은 제1

법칙을 능가한다.

제2법칙: 진부하게 할 것

세련되고 모던하며 보기 좋아서, 그들 스스로 만족감을 느낄 수 있는 호소문을 만들기 위해 애쓰느라, 제2 법칙과 무의미하게 싸우며 경력 전체를 허비해 온 모금가들을 알고 있다.

이쑤시개로 에베레스트산을 옮기는 편이 낫겠다. 제2 법칙과 싸워 이기려는 것은 승산이 없는 전략이며, 안타깝게도 많은 시간과 호수 같은 양의 잉크를 낭비하는 시도이다. 솔직히 말해서 여러분을 기쁘게 하는 디자인과 모금 실적을 올리는 디자인 중에서 선택해야 할 것이다. 아니면 진부한 디자인을 즐기는 법을 배울 수도 있다(진부한 디자인이 기부금을 더 많이 모으는 사실을 고려하면 그리 힘들지도 않다).

모금에 효과가 좋은 진부한 디자인은 다음과 같은 특징을 지니고 있다.

▶ 구식이다. 시대에 뒤처진다. 생각해 보라. 기부자 대부분은 연령대가 높다. 그들에게 보기 좋은 디자인은 여러분이나 내가 좋아하는 디자인보다 수십 년 전에 만들어졌다. 그들에게는 구식으로 보이지 않는다. 정상으로 보인다.

▶ 세련되지 않다. 미대생이 배울 법한 우아한 디자인을 여러분은 선호하겠지만(나는 그렇다), 그런 디자인은 모금에 도움이 되지 않는다. 추수감사절에는 우스꽝스러운 칠면조나 모자를 쓰고 벨트를 맨 채

미소 짓는 청교도를 소재로 하면 거의 실패하지 않는다. 세련되거나 고급스럽진 않아도 효과가 있다. 엉성한 상징, 화려한 색감, 고르지 않은 배치. 모금에서는 모두 성공한다.

▶ 멋이 없다. 조잡하고 아마추어 같은 데다 투박하기까지 한 디자인이라면 제대로 하는 셈이다. 멋지지 않다고 해서 읽기 어렵거나 정보를 찾을 수 없거나 잘못된 메시지를 전달한다는 뜻은 아니다. 이런 것은 멋이 없는 디자인이 아니라 그냥 **나쁜 디자인**이다. 하지만 여러분이 보기에 그 디자인이 민망하다면, 친구들이 그 디자인을 사용하는 여러분을 놀릴 것 같다면, 그 디자인은 모금에서는 잘될 가능성이 크다. (개인적으로 나는 세상을 더 나은 곳으로 만드는 디자인을 '멋이 없다'고 부르는 게 맞는지 망설여진다. 그런 디자인이야말로 '아름답다'는 말의 정의에 더 가까울 것이다.)

우리가 모금 메시지의 디자인을 너무 진부하게 하지는 않는지 내가 얼마나 많이 생각했는지 모른다. 너무 구식이고 너무 세련되지 않으며 너무 멋이 없어서 기부자가 돌아서고 모금 실적도 저조할까봐. 조잡하고 쪼끄매서 자존심이 센 여느 미대생의 속을 뒤집어 놓을 것 같은 크리스마스 장식 클립아트처럼.

지금까지 그런 일은 한 번도 일어나지 않았다. 진부함은 효과가 있다. **지나치게 진부할** 가능성은 없는 것 같다.

앞서 말한 대로 제1 법칙은 가끔 따르지 않아도 된다. 하지만 제2 법칙을 어기려 하지는 말라. 여러분은 분명히 후회할 것이다.

제3법칙: 분명하게 할 것

나는 수수께끼를 좋아한다. 잠시 한가한 시간이 나서 십자말풀이나 스도쿠를 하고 나면 행복하다. 많은 사람이 그렇듯 나는 숨겨진 무언가를 발견하는 작은 승리를 좋아한다.

하지만 **억지로** 해야 하는 골치 아픈 일은 정말 싫어한다. 복잡한 세금 관련 서류. 금액이 안 맞는 지출결의서. 보험과 관련된 어떤 것이든.

여러분은 국세청이 아니다. 기부자는 여러분이 말하는 내용을 이해하기 위해 애써야 한다는 것을 깨닫는 순간 여러분의 수수께끼에서 떠나버릴 수 있다.

그런 일이 일어나지 않게 하라! 이해할 수 없는 부분이 전혀 없도록 모든 것을 디자인하라.

- ▶ 모든 절취선과 사람들이 자르거나 찢기를 원하는 어디든 점선으로 표시하라. 절취선이 아니라도 작은 가위 그림을 추가해서 선을 따라 자르거나 찢는 부분임을 분명하게 하라.
- ▶ 중요한 사항은 더 크고 더 진한 활자로 하라.
- ▶ 사람들이 보기를 원하는 곳을 화살표로 가리켜라.
- ▶ 글이 다른 면으로 이어지면 페이지의 하단에 '페이지를 넘기세요.'와 같은 글귀를 삽입하라.
- ▶ 밑줄을 많이 사용하라.
- ▶ 요점에 주의를 촉구하기 위해 별 모양(★)을 사용하라.

분명히 하는 것에 대해 기억할 핵심 사실은 이것이다. 기부자가 무언가를 알아내야 한다면, 아마 하지 않을 것이다. 그리고 세상에 설명이 필요 없는 것은 거의 없다.

*　*　*

　단순하게. 진부하게. 분명하게. 이 세 법칙에 대해 일부 디자이너와 고급스러운 외양을 선호하는 사람들은 짜증을 내며 이를 갈 것이다. 나는 이런 작업 방식을 참을 수 없어서 모금 분야를 떠난 사람들을 알고 있다. 현명한 선택이며, 모금에서 현실적으로 효과가 있는 방식을 참지 못하는 어느 디자이너에게도 그렇게 하라고 권할 것이다.
　하지만 모금 디자인의 법칙을 이해하는 사람들은 그 법칙을 좋아하게 될 것이다. 단순하고 진부하며 분명한 디자인은 뉴턴 경이 관찰하고 의문을 가지는 동안 땅으로 천천히 떨어졌던 사과처럼 세상을 변화시키는 아름다움을 가질 것이다.

제4부

모금의 멘탈 게임

오케스트라 연주회에 가면 더블 베이스 연주자들을 볼 것이다. 세워서 연주하는 큰 현악기를 다루는 뒷줄에 있는 연주자들이다.

여러분이 앉아있는 곳에서는 차분하고 담담해 보일지 모르지만, 그들은 진땀을 흘리고 있다. 내가 안다. 나는 더블 베이스 연주자다.

문제는 더블 베이스가 곡조를 맞춰 연주하기가 어렵다는 사실이다. 동정을 바라고 있지는 않지만, **어렵다**는 말은 그 상황에 썩 맞는 표현이 아니다. **초인적인 힘이 필요하다**는 말이 조금 더 적절하다.

현은 91센티미터의 지판을 따라 매어져 있다. 올바른 음을 내기 위해서는 현의 올바른 위치를 정확히 짚어야 한다. 아주 살짝이라도 그 지점을 벗어나면 곡조가 맞지 않게 된다. 음정이 틀려 순식간에 오케스트라 전체에 영향을 주는 혼란의 원인이 된다.

더블 베이스의 연주자로 손가락 짚는 위치를 배우기 위해 많은 세월과 엄청난 에너지를 쏟아붓는다. 그 작고 움직이는 목표물을 짚기 위해 어깨뼈에서 손가락 끝까지 모든 근육과 신경과 힘줄을 되풀이해서 연마한다. 몸이 느끼고 기억하는 대로 찾기 위해서.

하지만 실제로는 효과가 없다. 시간이 지나면서 향상되겠지만, 이 비밀을 배우기 전까지는 절대로 정확한 음을 짚는 것을 기대할 수 없다. 아무리 잘 연습해도 **각 음을 먼저 듣지 않는 한** 곡조에 맞춰 연주할 수 없다.

곡조에 맞는 음은 마음 안에서 들려야 한다. 그 음은 그 모든 시간 동안 몸으로 한 연습보다 더 정확하게 손가락을 이끈다.

대부분의 활동에는 정신적 요소가 있다. 운동선수들은 이 사실을 알고 있다. 그들이 경기를 막 시작하기에 앞서 무엇을 보는지 살펴보라. 심지어 고양이 로즈 장학생도 아닌 내 고양이도 그것을 알고 있다. 소파에서 출발하여 방을 가로질러 의자까지 뛰기 전에, 마치 공중을 통과해서 활 모양을 그릴 자신의 움직임을 따라가듯 고개를 까닥거린다.

따라서 모금에 정신적 요소가 있다는 것은 조금도 놀랍지 않다.

여러분은 모금 기법을 배워 알고, 사업에 관한 내용을 꿰고 있으며, 그 밖에 모금가가 알아야 할 모든 것을 익혔을 수 있다. 하지만 제대로 된 멘탈 게임을 하지 않는다면 목표물을 자주 놓치게 될 것이다. 기부자가 후원하고 싶은 대상을 잘못짚을 것이다. 기부자가 하는 말을 잘못 이해할 것이다. 심지어 모금이 수치스러운 활동이라고 생각하는 중대한 실수를 범할지도 모른다.

마지막 장들에서는 모금의 멘탈 게임을 살펴볼 것이다. 우리가 하는 일에 대해 생각하고 생각을 행동으로 옮기는 몇 가지 방식을 보여주겠다. 다음과 같은 것을 살펴볼 것이다.

- ▶ 사람들 대부분이 늘 하지만 모금에서는 **절대 하면 안 되는** 한 가지
- ▶ 모금가들이 자주 무시하는, 기부자 대부분에 관한 중요한 사실 몇 가지
- ▶ 거의 모두가 믿지만 사실이 아닌 모금에 관한 믿음 몇 가지
- ▶ 가장 중요한 것으로 사람들에게 우리의 대의를 재정적으로 후원하라고 권할 때 실제로 일어나는 일에 관한 진실. (좋은 소식이다. 정말 너무 좋은 소식.)

이 모든 것이 여러분의 마음에 확고히 자리 잡을 때 모금을 이제까지와는 다른 활동으로 생각하게 될 것이다. 기쁨은 늘어나고 짜증은 줄어든다. 여러분은 더 분명하게 생각하고 더 대담하게 행동할 것이다. 혁신을 위해 소질을 더욱 개발할 것이다. 힘든 시간과 뜻밖의 시련을 보다 자

신 있게 헤쳐 나갈 것이다. 우리가 활동하는 세상에서 일어나는 인적, 문화적, 기술적 변화에 적응할 수 있다는 것을 알게 될 것이다.

여러분은 훨씬 더 곡조를 잘 맞출 것이다. 그리고 그로 인해 더 성공하기만 하는 것이 아니다. 더 재미있기도 하다.

15
자기중심적 모금

여러분은 '양치기 소년' 이야기를 알고 있다. 하지만 소년의 때 이른 죽음 직후 목초지에서 동생을 대신했던 형에 관해 들은 적은 없을 것이다.

목초지에 도착한 몇 분 이내에 형은 늑대 한 마리를 보았다. 어떤 특정한 마을 밖에 있는 양들이 쉬운 먹잇감이라는 소문이 늑대 무리에 퍼졌었다. 초록빛이 감도는 눈을 가진 그 늑대는 목초지의 가장자리에서 앞뒤로 어슬렁거리고 있었다.

형은 두 손을 입 주위에 모으고 "늑"이라고 소리치다 멈추었다.

'나는 '늑대다!'라고 소리 지르면 안 돼.' 그가 생각했다. '그건 내 동생이 했던 일이잖아. 나는 다르게 해야 해. 나는 동생보다 더 많이 배웠고 더 창의적이잖아.'

형은 다가오는 늑대를 보는 한편으로 늑대의 학명을 기억해 내려고 애썼고, 드디어 생각났다. **카니스 루퍼스**.

"이제 **됐어**." 형이 말했다. "**나** 이런 사람이야. 내가 만약 그 외침을 듣는다면 한달음에 달려올 거야. 그 외침을 듣고 모두가 내가 가방끈이 길고 책을 많이 읽었으며 단어를 신중히 선택하는 지적인 사람이라고 생각할 거야. '카니스 루퍼스'를 외치고 내 존재감을 높일 거야."

그래서 그는 일어서서 외쳤다. "카니스 루퍼스! 카니스 루퍼스!" 그는 차분하고 기품 있는 어조로 말하려고 애썼는데, 그렇게 하면 귀에 거슬리는 고함보다 더 어울릴 것 같았기 때문이었다.

형의 목소리를 들은 마을 사람 몇은 고개를 저으며 피식 웃었다. "엉뚱한 녀석" 그들이 말했다. "그래도 저놈은 제 동생처럼 말썽꾸러기는 아니지." 그들은 형이 무슨 일로 소리를 지르는지 전혀 알지 못했다.

그래서 늑대는 가장 가까이에 있는 양을 덮쳐서 잡아먹었다. 그러자 열 마리도 넘는 다른 늑대가 숲에서 떼 지어 나왔다. 늑대 무리는 양을 전부 잡아먹었다. 그리고 형도 잡아먹었다. 그리고 여러분이 읽었을지도 모르는 다른 이야기에서와 달리, 늑대가 여러분을 잡아먹으면 이야기에서 여러분의 역할은 끝이 난다.

내가 아는 거의 모든 모금가는 '양치기 소년'으로 인식될까 두려워한다. 그들의 활동이 진실성을 잃고 쓸데없는 걱정으로 들릴까 두려워하는 것이다.

'카니스 루퍼스를 외쳤던 소년'이 되는 것을 두려워하는 쪽이 더 현실적일 것이다. 잘못 이해되는 일이 불신 받는 일보다 모금가에게는 훨씬 더 자주 일어나기 때문이다. 모금가가 자신의 취향에 맞추는 바람에 기부자의 마음을 움직이지 못하는 메시지가 너무 많다. 그리고 결국 기부자에게는 아무 의미도 없게 된다.

우리가 흔히 하는 실수 가운데 하나다. **자기중심적 모금**.

자기중심적 모금은 이런 가정으로 시작된다. **메시지가 내게 감동을 주면 그 메시지는 감동적이다.** 여러분이라면 반응할 것 같다고 생각되는 메시지를 공들여 만든다.

그게 바로 실수다.

여러분은 기부자가 아니다. 틀림없이 기부자보다 더 젊을 것이다. 특히 마케팅에 관해서는 교육을 더 많이 받았을 것이다. 세상일이 기부자에게 보이듯이 여러분에게도 똑같이 보이지는 않는다.

하지만 여러분과 기부자를 정말로 구분 짓는 것은 주의를 기울이는 수준에 있다. 여러분은 모금 메시지의 단어 하나하나마다 세심하게 살핀다(그래도 나는 여러분이 그러기를 바란다). 모든 구절의 뉘앙스를 곰곰이 생각한다. 이렇게 집중하는 여러분에게 모든 것이 실제보다 크게 느껴진다. 이로 인해 명확성은 과도한 단순성처럼 느껴진다. 감정은 눈물을 자아내는 민망한 이야기처럼 느껴진다.

게다가 여러분은 자신이 만들어 내는 **모든** 메시지를 본다. 그렇게 하면 여러분의 메시지가 무감각하게 반복된다는 기분이 들 수 있다. 하지만 기부자는 여러분이 하는 일의 일부만 본다.

모금가 대부분이 기부자가 이해할 만한 수준 이상으로 복잡하고 지적인 메시지를 만들고 싶어 한다. 그들의 글이 기부자의 마음을 움직일 수 있을 만큼 감정에 호소하기를 원하지 않는다. 또 전달하는 메시지를 너무 자주 바꾸는 경향이 있어서, 기부자는 진짜 중심 메시지가 무엇인지 파악하기 어렵다.

모금가는 이런 선택이 적절하다고 느껴서 그렇게 한다.

하지만 그게 전부가 아니다. 말하자면 목초지에 있는 늑대처럼 더 큰 위험이 있다. **모금에 관한 모든 사람의 의식적인 생각은 그 자체로 잘못**인 까닭에 자기중심적 모금은 큰 실수다.

언제나. 예외 없이. 여러분의 의식적인 생각은 옳지 않다. 배우자의 생각도 옳지 않다. 컨설턴트들도 마찬가지다. 심지어 여러분이 하는 모금의 질을 평가하는 기부자의 의식적인 생각도 바로잡을 수 없을 만큼 완전히 잘못되었다.

그것은 의식적으로 모금 메시지의 질을 판단하는 마음이 현실에서 그 메시지를 마주하는 마음과 전혀 같지 않기 때문이다. 판단하는 마음은 그 마음이 선호하고 믿는 것에 의해 변질된다. 그리고 판단하는 마음은 판단하지 않는 마음이 실제로 무엇을 원하는지 전혀 알지 못한다.

판단하지 않고 그저 살아가는 현실에서는 질과 같은 추상적인 개념에 대해 생각하지 않는다. 메시지는 사람들의 관심을 끌고, 마음을 흔들고, 행동으로 이끌거나……아니면 아무것도 하지 않는다.

기부자를 대상으로 한 FGI는 사람들의 판단이 현실과 얼마나 거리가 있는지 보여준다. 초점집단에 다양한 DM을 보여주고 반응하라고 요청하면, **모든 사람은 가장 효과가 좋은 DM을 싫어한다**. 기부자들은 그들과 매우 유사한 집단에서 가장 호응을 많이 받은 바로 그 DM에 **절대** 반응하지 않을 것이라고 말한다.

그리고 그들이 좋아하고 굉장히 아끼며 반응하겠다고 맹세하는 견본은? 그 견본을 우편으로 보내보라. 그러면 달의 어두운 면에 있는 운석 충돌구처럼 못 쓰게 될 것이다.

기부자는 거짓말을 하고 있지 않다. 자신의 의식적인 생각에 대한 솔직한 설명을 들려주고 있다.

자신을 객관적으로 바라보고 자신이 어떻게 반응할지 정확한 이야기를 말하는 것은 그저 불가능하다. 누구도 할 수 없다.

여러분이 좋다고 생각하며 여러분을 자랑스럽고 행복하게 해주는 메시지……진짜 모금이 하는 식으로 그런 메시지가 여러분의 우편함에 어느 날 갑자기 나타나면, **여러분은 그 메시지에 반응하지 않을 것이다**. 여러분이 좋아하는 메시지는 의식적인 뇌의 어느 부분을 만족시킨다. 다만 여러분을 기부하게 자극하는 부분과 같지 않을 뿐이다.

최고의 모금 전문가는 이런 이상한 진실을 알고 있다. **나는 이게 좋아요**는 사실은 **사람들이 이것에 반응하지 않을 것이다**를 의미한다. 모금 컨설턴트 대부분은 관련된 진실을 알고 있다. **내 클라이언트가 그것을 좋아한다면 아주 잘되지는 않을 것이다**.

자기중심적 모금법을 채택할 때 일어나는 부정적인 현상 몇 가지가 있다.

여러분의 감정은 식었다

여러분이 여러분의 대의와 감정적으로 연결되어 있다면(그리고 나는 여러분이 그러기를 바란다), 그 관계를 꽤 오래전에 맺었을 것이다. 여러분을 환호하게 한 무언가를 경험했고 삶의 많은 부분을 대의에 바치기로 했다. 이제 밀월 기간은 끝이 났다. 그 관계가 안정되고 번성하도록 만들기 위해 필요한 적응을 마쳤다.

그것은 문제가 되지 않는다. 하지만 여러분의 현재 상황이 시작했을 때의 상황과 다르다는 사실을 절대 잊지 말라. 당시 관계는 피상적이었고 여러분은 지금과 비교해서 아는 게 별로 없었다. 기부자 대부분이 그 당시 여러분과 같으며, 아마 훨씬 더 할 것이다.

감정이 들끓던 시간이 지나고 일이 되게 하는 단계인 지금 여러분이 이 일을 계속하게 하는 힘이 기부자의 마음을 움직이는 동기의 근처에도 가지 못한다. 여러분이 이 일을 하는 이유는 현명하고 수려하며 세련되다. 하지만 기부자의 마음을 움직이기에는 너무 열정이 없고 이성적이며 냉정하다.

해마다 수조 원을 모금하는 모금 명분인 배고픔을 생각해 보라.

정확히 말해서 배고픔은 식사 시간이 다가올 때 여러분의 위장이 받는 느낌이다. 우리는 모두 거의 날마다 배고픔을 느낀다.

그보다는 정확하지 않지만 배고픔은 또한 필요한 식량을 구할 수 없는 사람들의 상태를 의미한다. 가난이나 기근, 전쟁, 재해 때문에. 그런 의미의 배고픔은 여러분이나 내가 아는 배고픔과는 거의 아무 관련이 없다.

지구촌의 배고픔은 거대하고 복잡한 문제다. 해결책도 거대하고 복잡하다. 간단히 샌드위치를 먹는 것으로 그 문제를 해소할 수 없다. 10억 개의 샌드위치로도 해소하지 못할 것이다.

배고픔을 다루는 전문가들은 이 문제를 '식량 불안'이라고 부르기를 선호한다. 그것이 더 정확한 용어다.

문제는 기부자 대부분이 식량 불안이 무엇인지 모른다는 사실이다. 혹시 안다 한들, 그 용어는 감정적 호소력도 없고 그들이 아는 어떤 것과도 관계가 없다.

모금 명분이 배고픔과 싸우는 것인데, 여러분이 자기중심적 모금을 한다면 식량 불안에 관해 얘기하고 싶을 것이다. 여러분의 메시지가 얼마나 정확한지 알고 기뻐할 것이다. 그리고 기부자들은 팔짱만 끼고 앉아 자신들의 마음을 움직일 무슨 말이라도 들으려고 기다릴 것이다. 배고픈 사람처럼.

여러분은 기부자에게 초점을 맞추지 않는다

여러분은 여러분의 일과 단체가 자랑스럽다. 그래야 한다. 단체의 우수성, 방법론, 발자취는 여러분이 이 단체에 몸담은 이유다.

그 사실이 기부자에게도 매력적이지는 않다. 이것을 기억하라. 기부자는 **여러분 단체**가 하는 일 때문에 기부하지 않는다. **그들**이 지닌 품성 때문에 기부한다.

다음은 기부자에 초점을 맞춘 모금의 특성을 보여주는 구절이다.

> **당신은 아이들을 위할 줄 아는 마음을 지닌 사람입니다. 당신은 그들이 행복하고 충만한 삶을 살면서 건강하고 행복한 어른으로 성장하는 것을 보고 싶을 겁니다.**

활동가에게 위 구절은 너무도 상관이 없다. 실제 문제나 진정한 해결책을 말하고 있지 않다. 그리고 당혹스러울 정도로 감상적이다.

자기중심적 모금에서는 여러분 단체에 기부하는 행위가 왜 효과적이고 효율적이며 현명한지를 입증하는 확실한 사실들을 쏟아내며 위 구절을 대체할 것이다. 이렇게 말이다.

> **다음 회계 연도에 우리는 경제 활동을 촉진해서 결국 아동 및 유아 사망률이 놀랍게도 62퍼센트나 감소하는 혁신적인 시민 사회 프로젝트를 수행할 예정입니다.**

모두 매우 정확하면서 사실이다. 하지만 핵심을 벗어났다. 여러분은 기부가 아니라 하품만 얻을 것이다.

기부금을 원한다면 기부자가 세상을 바꿀 기회로 여러분의 모금 명분을 표현해야 한다.

여러분 단체에 관한 그 중요한 사실들은? 일부는 메시지에 포함해도 된다. 하지만 기부를 유도하는 보조 역할에 그쳐야 한다.

여러분의 글은 사내 메모처럼 읽힌다

언젠가 내가 쓴 글에 대해 "이 글은 내 어머니에게 쓰는 편지 같아요."라고 말하는 클라이언트가 있었다. "굉장한 찬사인데요."라고 막 말하려다 그녀의 표정을 보았다. 그녀는 어머니에게 쓰는 투의 그런 편지를 좋아하지 않았다. 그것은 전문가답지 않았다.

업무의 세계에서는 어느 정도의 격식이 요구된다. 우리는 차분한 전문가로서 적절히 처신한다. 우리가 작성한 문서는 깔끔하고 분명하며 간단하다. 우리는 그런 것에 능숙해진다. 그 가치를 높이 산다.

하지만 모금 활동은 파티션이 있고 카펫이 깔린 비즈니스 세계의 사무실에서 행해지지 않는다.

모금은 연애편지, 몸값을 요구하는 쪽지, 자비를 간청하는 탄원서, 불현듯 벅차오르는 신앙의 열망과 같이 더 산란하고 더 열정적인 세계에 속한다. 비즈니스 커뮤니케이션 기준은 모금의 세계에서는 단지 장애물이다.

모금을 비즈니스 커뮤니케이션의 세계로 끌어들이면, 기부자는 계속 냉담하고 무관심할 것이다.

소아 청소년 암 센터에 관해 비즈니스 형식으로 쓴 구절은 다음과 같을 것이다.

> **우리 병원의 소아 및 청소년 환자 124명(1세부터 17세까지)에 대한 후원을 고려해 주세요. 그들 중 3분의 1은 병이 많이 진행되어 항암화학치료를 받고 있습니다. 나머지 대다수는 미래에 발생할 환자의 생명을 구할 수 있는 새롭고 유망한 치료법의 제1 임상과 제2 임상에 참여하고 있습니다.**

비즈니스 형식에서 벗어난 성공할 가능성이 높은 모금 접근법은 다음에 더 가까울 것이다.

> **여섯 살 첼시는 테디 베어를 꼭 안았습니다. "테디의 머리는 빠지지 않았어요." 첼시가 말하며, 머리카락이 하나도 없는 자기 머리를 쓰다듬었습니다. "그래서 테디는 내 행운의 곰이에요. 내가 암을 이겨내도록 도와줄 거예요." 테디가 첼시에게 행운을 가져다주는 곰이 될 수도 있지만, 오늘 당신이 보내는 기부금이 암과 맞서 싸우는 첼시에게 큰 힘이 될 겁니다.**

두 번째 글에는 의미 있고 중요한 사실들이 많이 빠져있다. 그런 사실들은 사람들에게 기부할 마음을 일으키지 않기 때문이다.

*　*　*

자기중심적 모금이 매우 흔한 이유가 있다. 기부자 중심의 모금은 훨씬 더 실행하기 어렵기 때문이다.

그러므로 모금가가 자기중심적 모금에서 벗어날 수 있게 해주는 비밀, 그 비밀을 말하려고 한다.

이전에 기부자에게 동기를 부여했던 메시지를 보라. 과거에 여러분에게 효과가 있었던 메시지를 주의 깊게 살펴보라. 그런 메시지를 찾기 어렵다면, 다른 단체에서 효과가 있었던 메시지를 찾아보라.

여러분이 좋아하는 것을 말하는 평가의 목소리를 잠시 멀리하라. 대신에 기부자가 어떤 사람이고 그들이 무엇에 반응했는지를 말해 주는 정보에 귀 기울여라.

여러분의 어휘에서 다음과 같은 평을 금지하라.

▶ 나는 저것을 좋아한다.
▶ 나는 저것을 싫어한다.
▶ 나는 저것에 반응할 것이다.
▶ 나는 이것을 내 친구들에게 보여주는 게 부끄러울 것이다.

'나는'이 들어있는 어떤 판단이라도 대부분은 여러분을 잘못된 방향으로 이끌 것이다. 그것은 가장 중요한 질문을 해결하는 실마리를 던져주지 않는다. 기부자가 반응할까?

대신에 다음과 같은 질문을 하라.

▶ 감정에 호소하는가? 마음을 목표로 하는가, 아니면 사실의 나열인가?

▶ 사안에 대해 지식이 전혀 없는 사람도 이해할 만큼 분명하고 쉬운가?
▶ 간단한가? 메시지의 핵심이 한 문장에 분명하고 마음을 끌도록 쓰였는가?

모금을 제대로 하기는 쉽지 않다. 자신이 선호하는 것을 제쳐두기 위해 시행착오와 집중이 필요하다. 자기중심적 모금은 느낌이 좋은 길이다. 눈에 보이는 게 좋은 까닭에 일시적으로 굉장히 좋다는 착각을 일으키게 한다. 하지만 '카니스 루퍼스를 외쳤던 소년'처럼 기분 좋은 느낌이 오래가지는 않을 것이다.

16

모금가라면 꼭 알아야 할
기부자의 특징 3가지

여러분은 거리 모금가의 하드보드지 피켓에서 많은 것을 배울 수 있다. 최근 시애틀에서 본 이 피켓처럼.

> 상이용사
>
> 일할 수 없음
>
> 제발 도와주세요
>
> 신의 축복이 있기를!

나쁘지 않다. 피켓은 니즈를 보여주었다. 흔히 제기되는 반대에 답도 했다. "왜 직업을 갖지 않는가?" 예의가 바르며 애국심이 강하고 약간 종교적이기까지 했다. 그리고 직접적인 요청도 있다. 그에게 무엇이 더 필요하겠는가?

문제는 아무도 그에게 동전 한 푼도 주지 않았다는 사실이었다.

그 구역을 따라 10미터도 채 내려가지 않아서 다음 남자가 모든 기부금을 끌어모으고 있었다. 사람들은 멈춰 서서 그와 수다를 떨었다. 그리고 그의 기부함을 지폐로 가득 채웠다. 그의 피켓은 이랬다.

　　　　닌자들이 아버지를 죽였어요
　　　　가라테 레슨비가 필요해요

저런! 그는 뻔한 거짓말로 돈을 긁어모으고 있었다! 그냥 엉뚱한 이야기와 살짝 능글맞은 웃음으로.

왜 두 번째 피켓은 돈을 끌어 모으고 있는가?

위치! 우리는 파이크 가에 있었다. 파이크 가는 시애틀 도심과 시애틀을 '활동 무대'로 삼는 젊고 개성이 강하며 야심만만한 많은 화가·시인·음악인의 성지인 캐피톨 힐 지역을 연결한다.

두 피켓을 지나는 대다수는 주류 문화에 질리고 반어적 표현을 좋아하는 힙스터들이다. 고군분투하는 상이용사의 진심 어린 호소는 그들의 관심을 끌지 못했다. 혼잡스러운 도심의 풍경을 뚫지 못했다. 두 번째 남자가 지어낸 기발한 이야기가 그들의 관심을 얻었고 그들을 기쁘게 했다. 그래서 그들은 기부했다.

모금 대상을 알면 모든 것이 달라진다.

첫 번째 남자는 모든 것을 제대로 했지만, 파이크 가에 있는 그의 모금 대상을 알지 못했다. 따라서 그의 모든 모금 기법은 헛수고로 끝이 났다.

그런 일이 여러분에게 일어나지 않게 하라!

나는 여러분의 모금 대상을 알지 못하지만, 기부자에 관한 일반적인 인적 특성을 알고 있다. 이 특성을 알고 여러분의 모금을 형성하는 기반으로 삼으면, 가라테 수업을 받겠다는 남자가 누렸던 것 같은 이점을 얻을 것이다.

기부자는 여성일 가능성이 높다

대부분의 기부자 명단에서 여성이 남성보다 약 2대 1로 수가 더 많다. 이것은 대체로 남성과 여성의 사고방식이 다르기 때문이다.

일반적으로 여성은 남성보다 공감을 잘하고 관계를 중요하게 생각하는 사고방식을 가졌다. (이는 절대적인 것이 아니라 성향이다. 우리는 모두 벽돌만큼이나 공감 능력이 떨어지는 여성들과 디어 애비보다 관계 유지에 뛰어난 남성들을 알고 있다).

그 차이를 모금의 용어로 말하면 이렇다. 여성은 관계를 개선하는 것을 더 좋아한다. 남성은 문제를 해결하는 것을 더 좋아한다.

빈곤한 지역사회에 우물을 파기 위해 모금해야 한다고 가정해 보자.

▶ 여성에게 기부하라고 설득하기를 원하면 우물이 필요한 사람들이 어떻게 **느끼는지**를 묘사해야 할 것이다. 그들의 고통, 슬픔, 사라진 희망. 그것이 가족들에게 어떤 영향을 주는지를 보여줘야 할 것이다. 아이들을 잃은 엄마와 물을 구하지 못하는 아빠를. 기부자에게 제공하라고 요청하고 있는 해결책을 기부가 가져다줄 기쁨, 위안, 치유의 측면에서 제시해야 할 것이다.

▶ 반면에 남성의 마음을 움직이고 싶다면 문제를 무너진 체계로 표현해야 할 것이다. 문제로 인해 사람들이 고통받는 방식을 묘사해야

할 것이다. 질병, 사망, 물을 자급자족할 수 없게 된 상태. 해결책은 필요한 '복구 사업'일 것이고, 기부한 후에 모든 것이 얼마나 더 잘 기능할 수 있게 되는지를 묘사해야 할 것이다.

물론 거의 모든 조직은 대부분의 경우 남성과 여성 모두를 대상으로 한다. 최고의 모금 활동은 두 가지 접근법의 요소를 혼합한다.

내 경험으로 볼 때 여성 모금가를 비롯한 많은 모금가가 여성 기부자를 소홀히 대한다. 그들은 한결같이 거의 전적으로 '남성 중심의' 후원 사업을 실행하며, 관계보다는 상황을 바로잡는 데 치중한다. 이는 잃어버린 기회이며 심각한 잘못이다.

특별히 다른 식으로 알고 있지 않는 한, 모금 대상은 남성보다 여성이 훨씬 더 많다고 생각하라. 기부자의 대부분을 대수롭지 않게 여기지 말라.

기부자는 고령층일 가능성이 높다

비영리 단체 대부분은 평균 기부자의 연령이 65세를 훌쩍 넘긴다. 이런 인적 특성은 여성으로 기우는 경향보다 훨씬 더 뚜렷하다. 50세 미만의 기부자는 드물며, 일반적으로 기부 유지율이 극히 낮다. 젊은 기부자를 찾아낸다 해도, 그들을 계속 확보하는 데 애를 먹는다.

지난 몇 년간 행해진 획기적인 연구를 통해 인간의 뇌가 어떻게 작용하는지 이해할 수 있게 되었으며, 나이가 들면서 인간의 뇌가 어떻게 변하는지도 알게 되었다. 뇌의 화학적 성분에 일어나는 변화로 인해 나이가 많은 사람일수록 공감을 더 잘하고 정에 더 끌리게 된다. 이런 성향과 종종 나이에서 오는 지혜와 균형감을 결합하면, 나이가 많은 사람이 왜 자선 기부를 더 쉽게 하는지 알게 될 것이다. 그들은 대체로 이런 특징을 가지고 있다.

▶ 타인과의 유대감과 주변 세상에 대한 책임감의 강화.
▶ 세상을 변화시킬 기회가 줄어들고 있다는 인식.
▶ 살면서 받았던 축복을 돌려줘야 하는 필요성.
▶ 신앙을 다시 가지고 싶은 바람(더 자세한 내용은 조금 뒤에. 그리고 신앙이 모금에서 갖는 의미도).
▶ 최신 유행하는 옷이나 첨단 기기 같은 물건에 대한 구매욕 감소.
▶ 자녀의 독립으로 인한 소득과 여유 시간의 증가.

이 모든 것이 왜 거의 모든 기부자 파일을 고령층이 차지하고 있는지 설명해 준다.

이미 다초점 렌즈에서 말했듯이, 디자인은 기부자의 연령을 고려해야 한다. 또한 우리가 사용하는 언어와 설득 방식을 알맞게 조절해야 한다. 예를 들면.

▶ 속어와 전문용어를 피하라. 고령층 독자는 속어와 전문용어를 잘 이해하지 못하고 부정적으로 해석하는 경향이 있다. 여러분이나 내게는 분명히 '한 턱 낸다'를 의미하는 '쏜다'가 고령층 독자에게는 '발사한다'를 의미한다. 비영리 단체에서 굉장히 유용하게 자주 사용하는 '지속가능'과 같은 단어는 그들에게 별 의미가 없다.

▶ 참신함에 의존하지 말라. 젊은 사람에게는 새롭거나 최첨단이거나 혁신적이라는 사실 자체가 큰 장점이 된다. 나이가 많은 사람은 새로움에 별로 끌리지 않는다. 어떤 사람은 심지어 의심도 한다.
▶ 과장된 표현을 조금만 써라. '아주 좋은'이나 '믿을 수 없는', '역대 최고의'(또는 '역대 최악의')라고 무언가를 부르는 것은 고령층 독자에게는 아무 호응도 얻지 못하는 경향이 있다. 그들은 그 말을 믿지 않는다. 그렇게 순진하지 않다! 실제로 관형어나 부사어는 적당히 조금만 써라. 관형어와 부사어는 여러분의 주장에 큰 가치를 더하지 않는다.
▶ '좋은 거래'라는 점을 강조하라. 고령층은 금액에 신경을 더 많이 쓴다. 가치를 강조하는 게 도움이 된다. 식사 한 끼나 다른 도움을 제공하는데 드는 적은 비용. 기부금의 가치를 늘려줄 매칭 펀드. 가치를 추구하는 사람들에게 여러분의 제안이 매력 있게 보이는 다른 형태의 레버리지.
▶ 마지막으로 기술에 너무 의존하지 말라. 고령층은 신기술을 젊은 사람보다 늦게 받아들인다. 다시 말해 소셜 미디어 플랫폼, QR 코드, 스마트폰 앱, 최신 유행하는 다른 기술과 같이 마음이 설레는 새로운 발전은 오늘날의 기부자에게 큰 영향을 주지 않을 것 같다.

그렇긴 하지만 고령층도 어느 정도는 인터넷을 하고 **있는데**, 이메일 모금이 매우 빠르게 성장하고 있는 이유다.

기부자는 종교를 믿는 사람일 가능성이 훨씬 더 높다

종교 활동과 자선 기부의 관계는 매우 강하다. 종교를 믿는 사람들은 전반적으로 비영리 활동의 근간이 되고 있다. 종교 단체와 예배 장소뿐 아니라 모든 종류의 공익 활동에 대해서도 그렇다. 아마 여러분의 기부자 중에도 신앙을 가진 사람이 높은 비율을 차지할 것이다.

거의 모든 종교가 자선 기부를 장려(또는 심지어 강요)한다. 자선 기부는 신앙생활의 필수적인 부분이며, 일반적으로 아이들에게 가르침이 된다. 이것은 몇 년에 걸쳐서 굳어지는 습관이며, 종교를 믿지 않는 사람은 이에 별로 부응하지 않는다.

여러분이 종교 단체에 소속되어 있다면, 다음의 정보로 무엇을 할지 알고 있다. 기부자와 공유하는 믿음의 언어로 말하라.

여러분 단체가 종교와 관련이 없다면, 운영 원칙은 히포크라테스 선서와 같아야 한다. **어떤 해도 끼치지 말라.**

- ▶ 기부자의 신앙을 존중하라. 여러분과 여러분의 동료 대부분이 종교를 믿는 사람을 미신을 믿는다거나 무지하다고 생각한다면, 경솔하게 가시 돋친 말을 하기 쉽다. 기부자와의 모든 관계에서 그런 생각을 거르는 법을 배워라.
- ▶ 기부자의 세계를 두려워하지 말라. 신앙을 가진 사람 대부분은 매우 종교적인 세계에 살고 있다. 그들은 주변 어디에서나 신의 공적을 보고 세상을 선하게 보는 경향이 있으며 여러분 단체가 하는 일을 천상으로부터의 '축복'으로 여긴다. 일반적이면서도 약간은 종교적인(**축복**과 같은) 용어는 기부자의 마음을 편하게 해줄 것이다.

▶ 종교의 다양성을 이해하라. 종교 집단들 사이에 매우 다양한 종교 활동과 문화가 있다. 또 서구사회 전체에서 비기독교 신자 수가 빠르게 증가하고 있다. 종교를 믿는 사람은 전혀 동질적이지 않다(나는 언젠가 작성자가 시골의 한 침례교회에서 '미사'에 참석한 경험을 말하는 모금 호소문을 읽었다. 그녀는 자신의 메시지에 '나는 아무것도 몰라요!'라고 제목을 붙이는 편이 좋을 것이다.)

▶ 거짓으로 꾸미지 말라. 여러분 단체가 특정 종교의 관습을 따르지 않는다면, '아는 체하면서'까지 그 종교 신자들의 비위를 맞추려 하지 말라. 평소에 예수나 무함마드, 부처에 대해 말하지 않는다면 언급하지 말라. 실수하게 될 것이다. 종교를 믿는 기부자는 비종교적인 대의에 기부하는 데 익숙하고 편하게 생각한다. 여러분은 지금 그대로 그들에게 괜찮다! 그리고 여러분이 어떤 종교 단체에 있다면, 그 사실을 숨기려 하지 말라.

✼ ✼ ✼

기부자가 일반적이지 않을 수 있다. 단체의 대의나 발자취, 기부자를 모으기 위해 이용하는 매체가 있으면 기부자 파일은 여성·고령층·종교라는 법칙에서 벗어날 수 있다.

가능은 하지만 별로 그럴 것 같지 않다.

다른 식으로 입증할 수 없는 한, 기부자는 대부분이 여성이고 나이가 많으며 종교를 믿는 집단으로 상정하는 것이 확실한 접근법이다.

아, 기부자에 대해 여러분이 정말 알아야 하는 또 다른 사실이 있다.

기부자가 기부한다.

기부자는 자신이 원하기 때문에 기부한다. 본인의 의지에 반해서 기부하라고 괴롭힘이나 부추김을 받지 않는다.

기부자는 세상을 달라지게 하고 싶다.

기부자는 여러분의 대의를 따르고 싶다.

기부자는 기부하면 기분이 좋아지는 것을 알고 있다.

어떤 모금가는 이 사실을 잊고 마치 기부 요청이 부담을 지우는 것처럼 기부자에게 접근한다. 그렇지 않다. 기부는 기부자 대부분의 삶에서 환영받는 부분이다.

기부자가 진짜 어떤 사람인지 이해하고 나면, 여러분은 꾸준히 뛰어난 모금 성과를 거두게 될 것이다. 아버지가 닌자에게 살해당한 파이크 가의 바로 그 남자처럼.

17

모금을 방해하는 잘못된 통념 3가지

미국 퍼시픽 노스웨스트의 고지대 과수원 지역에는 과일나무에 봉오리가 맺히는 봄마다 중요한 몇 주가 있다. 만약 봉오리가 얼게 되면 과일의 외관을 훼손시킬 수 있다. 아니면 과일이 아예 열리지 않을 수도 있다. 매년 내리는 서리가 수확량과 재배업자의 생계에 큰 타격을 입힐 수 있다.

오래전에 재배업자들은 냉해를 피하는 법을 발견했다. 스머지 포트. 스머지 포트는 자욱한 검은 연기를 생성하는 화덕이나 통이다. 많은 연기를 낸다. 스머지 포트를 나무 사이에 놓아 오래된 크랭크케이스 오일, 타르지, 타이어를 태운다. 오염물을 생성하며 연소하는 어떤 것이든 태운다. 연기가 추위로부터 봉오리가 어는 것을 막았을지도 모른다. 아니면 재배업자들이 그렇게 생각했던 것일지도 모른다.

서리가 내릴 듯한 봄밤에 재배업자들은 스머지 포트에 불을 붙인다. 계곡은 서서히 퍼지는 유독한 연기로 가득했을 것이다. 연기로 인해 모든 사람이 마른기침과 온갖 종류의 호흡기 문제를 겪었다.

나날이 골칫거리인 스머지 포트 연기는 과수원 지역을 초봄에 살기 힘든 곳으로 만들었다. 모두가 싫어했지만, 그들이 무엇을 할 수 있었겠는가? 과일 수확량이 떨어지면 그들 모두가 큰 손해를 겪었을 것이다.

그리고 스머지 포트는 확실히 효과가 있었다. 스머지 포트를 사용한 과수원은 서리 피해를 덜 입었다.

우리는 이제 연기가 서리 피해와 아무 관련이 없다는 사실을 안다. 물질을 태우면 차가운 공기층과 따뜻한 공기층이 혼합되면서 대기에 난류를 발생시킨다. 그 현상으로 기온은 어는점 바로 위에 머물렀다. 클린 버닝 스머지 포트도 역시 마찬가지였을 것이다. 아니면 차라리 큰 환풍기가 나았을 것이다. 다행스럽게도 오늘날 과수원에서는 큰 환풍기를 주로 보게 된다.

연기에 대한 니즈는 통념이었다. 재배업자가 관찰한 현상에 대한 합리적이지만 잘못된 해석에서 나왔다. 연기가 많을수록 서리 피해는 적어진다는 해석. 해마다 그들은 아무 의미 없이 질식할 것 같은 연기로 지역을 가득 채웠다. 연기가 과일을 지켜준다고 믿는 한, 정말 다른 방법이 없었다.

모금은 스머지 포트 통념에 시달린다. 우리에게 피해를 주는 일을 실행하게 하는 잘못된 믿음 말이다.

모금에는 가장 흔한 통념 세 가지가 있다. 각 통념은 틀렸다. 각 통념은 여러분이 참을 필요가 없는 끔찍한 연기를 자욱하게 만들어 낸다.

'너무 많은 우편물'이라는 통념

'너무 많은 우편물'이라는 유령이 많은 모금가의 꿈에 나타난다. 어쨌든 그것이 기부자가 가장 많이 불평하는 대상이다. 솔직히 우리가 우편물을 엄청 많이 보내기는 한다, 그렇지 않은가?

기부자들이 대규모로 반발해서 곧 부글부글 끓는 분노의 상태로 돌입할 것이라고 결론을 내리기 쉽다. 그들이 그 모든 우편물에 질려서 한꺼번에 우리를 떠나버릴 것이라고 말이다.

좋은 소식이 있다. 지금까지 이런 일이 일어났거나 일어날 것 같다는 증거는 없다. 사실 내가 본(그것도 많이 본) 모든 증거가 단기적으로나 장기적으로 더 많은 기부자 접촉은 더 높은 모금 실적을 의미한다는 사실을 보여준다. 게다가 기부자 접촉 횟수를 줄이면 거의 언제나 모금 실적이 감소할 뿐만 아니라 기부자 유지력도 약해진다.

다시 말해서 **여러분은 너무 많은 우편물을 보낼 때보다 너무 적은 우편물을 보낼 때 훨씬 더 많이 위험에 처하게 된다.**

그러면 기부자는 왜 불평하는가?

기부자가 날마다 상당한 양의 우편물을 받는 것은 의심할 여지가 없다. 자선단체, 통신판매업자, 신용카드회사, 홈통 청소회사로부터도 받는다. 가뜩이나 꽉 찬 우편함에 매일 같이 원치 않는 내용의 많은 우편물이 더해진다.

하지만 그 우편물 대부분은 여러분이 보낸 것이 **아니다**.

생각해 보라. 배송일마다 보통의 기부자 한 명이 보내라고 한 적도 없는 우편물을 적어도 10통은 받는다. 1년에 3,000통이다.

여러분이 기부자 한 명에게 1년에 12번 글을 쓴다면, 기부자가 받는 우편물 연간 합계의 0.4퍼센트를 보내는 것이다. 만약 우편물 발송을 중단한다면, 일일 평균은 10개에서 9.96개로 줄어들 것이다. 기부자에게는 의미 있는 차이가 아니다.

하지만 여러분에게는 그 중단이 영원히 되찾을 수 없는 모금 실적을 의미한다. 각 기부자에게서 수십만 원, 어쩌면 수백만 원의 손실을.

'너무 많은 우편물'의 문제를 숫자놀음으로 다룬다면, 여러분은 그 문제를 절대 해결하지 못할 것이다. 진짜 문제는 우편물의 양이 아니라 연관성이다.

많은 불평을 유발하는 우편물은 우편함 가득 들어있는 말도 안 되는 찌라시다. **내가 이자율도 높은 신용카드가 더 많이 필요하다고 누가 생각하는가? 내가 미국 원주민을 모티브로 한 모조 의류를 원한다고 누가 단정 짓는가? 내가 공화당원을 하원의원으로 뽑고 싶다고 누가 생각하는가? 나는 왜 이 모든 바보 같고 귀찮은 낭비투성이의 잡동사니를 받고 있는가?**

여러분의 모금 글이 이런 **왜**를 부르지 않는다면, 이 불평에서 벗어날 수 있다. 여러분의 우편물이 기부자와 연관이 된다면, 사람들은 여러분이 그것을 왜 보냈는지 **안다**.

연관이 있는 우편물은 반갑다. 기부자의 세계에 딱 들어맞는다. 기부자에 관한 것이다. 기부자가 관심을 두는 문제에 관해 말한다. 관계가 있고 실제이며 기부자가 권한을 부여받고 연결되어 있다고 느끼게 한다.

모금 글을 이렇게 쓴다면 여러분은 불평을 별로 받지 않을 것이다. 우편물을 많이 보내더라도. 나는 일 년에 모금 우편물을 30통 이상 보내는 단체에서 일한 적이 있다. 그래도 12통을 보내는 다른 단체보다 불평을 적게 받았다. 다른 점은? 연관성이다.

기부를 중단하게 하는 가장 확실한 방법은 여러분의 모든 메시지를 기부자가 아니라 **여러분**에 관한 내용으로 만드는 것이다. 그런 메시지가 한두 개만 되어도 찌라시가 쇄도하는 것처럼 느껴질 수 있다. 기부자에게서 연관성이 사라지게 하는 방법이다. 여러분은 많은 불평을 받지는 않을 것이다. 하지만 기부자들은 아무 말 없이 조용히 사라져 버릴 것이다.

'휴식이 필요한 기부자'라는 통념

통념은 이와 같다. 기부자가 일단 기부하고 나면, 여러분에게 받는 기부 요청에서 기부자를 '쉬게' 해야 한다. 이렇게 하면 기부자는 기부의 고단함에서 회복하게 된다. 기부자가 완전히 회복하기 전에 여러분이 너무 빨리 요청하면 돌이킬 수 없는 피해를 주게 될 것이다.

나는 이 통념을 뒷받침할 만한 증거를 한 번도 본 적이 없다. 이 통념이 사실일지도 모르는 이유에 대한 그럴듯한 가설도 들어본 적이 없다.

사람들은 **떨어져 있으면 그리움이 더해진다**고 말한다. 그 말은 대체로 옳지 않다. 소통하지 않고 개선되는 어떤 건강한 인간관계도 생각할 수 있겠는가? 기부한 후 몇 개월 동안 단체로부터 연락받지 못한 기부자가 한 번이라도 다시 기부할 가능성은 훨씬 더 낮다.

자, 사실은 이렇다. **최근에 기부한 기부자일수록 다시 기부할 가능성은 더 높다.**

잠시 멈추고 그 사실을 살펴보라. 그것은 모금에서 가장 중요하고 유용한 진실 가운데 하나다. **최근에 기부한 기부자일수록 다시 기부할 가**

능성은 더 높다.

기부자를 '쉽게' 하는 동안, 기부자가 기부하는 여러 단체와 그 밖에 많은 단체가 기부해야 할 이유를 제시하면서 기부자 앞으로 보낸 우편물이 우편함에 있다. 여러분에게 기부해서 생긴 좋은 기분인 그 '만족 심리' 기간 동안, 기부자 곁에 없는 단체는 여러분 단체가 유일할 것이다.

여러 주가 지나면서 기부자의 기억에서 서서히 사라질 가능성은 커진다. 기부자에게 충분한 '휴식'을 주면, 기부자를 영원히 잃을 것이라고 믿어도 좋다.

'모금을 죽이는 불평'이라는 통념

많은 사람이 모인 집단에서 무엇이든 말하면, 그 가운데는 반드시 불평하는 사람이 있다. 그것은 부인할 수 없는 사실이다.

정치가는 그 사실을 알고 있다. TV 프로듀서나 대중매체에 종사하는 누구도 마찬가지다. 심지어 연재 만화를 그리는 시사 만화가도 불평과 친숙하다.

모금도 전혀 다르지 않다. 어떤 기부자는 여러분이 무엇을 하든 불평한다. 자신이 받는 우편물의 양에 대해 불평한다(앞서 말한 '너무 많은 우편물'이라는 통념을 보라). 우편 요금이 너무 비싸다고 불평한다. 또는 너무 싸다고 불평한다. 여러분의 절박성, 문법, 색상 선택에 대해 불평한다. 주소 라벨을 보냈다고 또는 보내지 않았다고 불평한다. 한번은 내 뉴스레터에서 긴급 식량 지원 프로그램의 지원을 받는 제3세계 어린이가 숟가락을 잘못 들고 있는 사진을 보여주고 있다며 화를 내는 기부자의 편지를 받았다(외관상으로 우리가 그 아이에게 적절한 가치를 가르치고 있지 않기는 했다).

　기부자가 불평하면 기분이 좋지 않다. 하지만 불평으로 상처받는 건 모두 여러분의 기분뿐이다. 그런데도 나는 비영리 단체가 기부자의 불평을 너무 두려워한 나머지 성공적인 캠페인을 폐기하는 사례를 보았다. 고작 20~30명의 불평하는 사람들 때문에 말이다.

　쪽지나 이메일을 쓸 에너지가 있는 불만스러운 한 명이 대의를 위해 **지갑을 열고** '네'라고 의사 표시를 하는 만족스러운 기부자 수천 명보다 더 큰 힘을 가진 것 같다.

　모든 모금 프로그램은 불평을 낳는다. 사실 프로그램이 성공할수록 불평도 더 많다. 그게 동기부여의 본질이다. 기부하라고 강하게 주장할 때 여러분은 실제로 감정을 싣게 된다. 성공적인 모금의 비결인 절박성과 니즈는 사람들에게 불편한 느낌을 줄 수 있다. 그리고 불편함을 느끼는 사람 중에서 일부가 불평한다.

　그렇다고 불평하는 사람들을 무시해야 한다는 말은 아니다. 그들에게 세심한 관심을 기울여라. 어쨌든 그들은 여러분과 소통할 만큼 충분히 관심을 쏟고 있다. 그들을 더 잘 만족시키고 부정적인 감정을 긍정적인 경험으로 바꿀 기회가 여러분에게 있다. 불평에 잘 대처한다면 불평하는 사람을 그 누구보다 충실한 친구로 바꿀 수 있다.

　불평하는 사람을 위해 여러분이 변해야 할지도 모른다. 기부자가 우편물을 너무 많이 보낸다고 말하면 더 적게 보내라. 하지만 한 명, 열 명, 심지어 백 명이 되어도 불평하는 사람을 만족시키기 위해 절대 모금 프로그램 전체를 바꾸지는 말라. 프로그램 전체에 영향을 미치는 결과로만 어떻게 프로그램 전체를 바꿀지를 결정해야 한다.

* * *

이 세 가지 통념의 공통점은 **모금이 기부자에게 피해를 준다**는 잘못된 믿음이다.

나는 이런 식의 표현을 들었다. "우리가 기부자에게 6주마다 전기 충격을 주고 있는 것 같아!"

아야!

모금이 기부자에게 고통스러운 경험이라고 생각한다면, 그 말이 맞을지도 모른다. 여러분이 모금을 관계라고 생각하고 다가가지 않기 때문이다. 그저 마지못해 참을 수 있는 만큼 자주 끔찍한 기부 요청을 하나 더 보내는 것이다.

그렇게 하지 말라! 모금을 관계로 대하라. 여러분의 대의와 그것을 이루게 해줄 좋은 사람들 사이에 서로 주고받는 관계로.

그렇게 해서 여러분은 제대로 할 기회를 얻는다. 여러분의 메시지는 관계를 맺는 접근법을 반영할 것이다.

여러분은 기부자를 존중으로 대할 것이다. 기부에 감사할 것이다. 기부자가 세상을 바꾼다고 말할 것이다. **기부자의** 방식으로 요청할 것이다. 그리고 여러분의 요청은 여러분의 감사만큼이나 환영받을 것이다.

그것이 모금이 가야 할 길이다.

하지만 먼저 그 스머지 포트 통념들을 버려라. 그 통념들은 모금 계곡을 불쾌하고 숨 막히는 연기로 채우고 있다. 그리고 도움이 되는 어떤 것도 하고 있지 않다.

18

모금가라서 자랑스럽다

네가 내 바이올린을 밟았어. 내가 방에 들어서는 순간 그녀가 말했다. "네가 박살 낸 거야. 고칠 수가 없어." 그녀의 눈은 두려움과 분노 사이 어딘가에서 커져 있었다.

"어머니, 저 왔어요." 내가 말했다.

요즈음 어머니를 방문하면 이런 식이었다. 어머니는 요양원 침대에 누워 파킨슨병과 오랜 세월을 싸웠고 인생의 마지막 몇 개월을 보내고 계셨다. 편집 망상은 어머니의 정신을 점점 더 삼켜버리고 있었다.

내가 어머니의 비난에 대꾸하지 않으면, 보통 다른 주제로 넘어가셨다. 이번은 아니었다. 어머니의 바이올린이 깨지는 망상은 어머니에게는 특히 고통스러웠다. 주제를 바꿀 생각이 없으셨다.

"저 바이올린은 어떤 것으로도 대신할 수 없어." 어머니는 말씀하셨다. "너 왜 그랬니?"

"어머니 바이올린은 멀쩡해요." 나는 어리석게도 망상의 전제에 이의를 제기했다. "우리가 잘 보관하고 있어요." 어머니의 머리뼈 형태가 뚜렷하게 보였다. 턱 뒤편의 날카로운 모서리, 관자놀이의 푹 꺼진 부분, 눈 주변의 넓은 눈구멍.

내게 불만이 생길 때 가끔 그러듯, 어머니는 비명을 지르기 시작했다. 마치 목구멍에서 갈라져 나오는 것처럼 듣기 싫게 날이 서고 귀청을 찢는 듯한 높고 단조로운 소리로. 하지만 어머니는 너무 약해져 평소 목소리보다 그리 더 크지도 않았다.

20년이 넘는 동안 어머니의 병은 서서히 진행되었다. 나무가 자라는 것처럼 거의 알아차릴 수 없게 서서히. 더 힘들어지는 걸음. 자신도 모르게 하는 동작. 순간적인 환각. 어머니는 농담했었다. "파킨슨 박사가 오늘은 평소처럼 즐겁지 않은가 봐."

그러더니 병은 맹렬히 타오르는 모닥불처럼 급격히 진행되었다. 어머니는 지팡이에서 보행 보조기, 휠체어, 침대로 빠르게 옮겨갔다. 팔다리가 구부정해졌다. 바이올리니스트였던 어머니의 고운 손은 갈고리발톱처럼 굽었고, 피부는 뻣뻣하며 번들거렸다.

하지만 무엇보다 나쁜 것은 망상. 사람들이 어머니에게서 물건을 훔치고 소지품을 부수며 모든 면에서 어머니를 속이고 있다고 믿기 시작했다. 한때 꽃이 벌을 끌어들이듯 친구들을 곁에 모이게 했던 창의적이고 관대한 영혼이 피해 의식 외에는 아무것도 남지 않을 때까지 정신이 무너졌다.

이제 끝이 났다. 나는 어머니가 망가진 몸과 흐릿해진 정신으로 더 이상 힘들지 않아도 되어서 다행이다.

하지만 끝이 아니다. 내 마음은 아직도 어머니가 겪었던 고통으로 아프다. 나는 어머니와 더 많은 시간을 보낼 수 있었기를 바란다. 마침내 어머니의 삶이 한 줄기 연기처럼 사라지던 밤에 어머니 곁을 지키지 못했던 것을 후회한다.

하지만 파킨슨병에 반격할 수 있는 길이 있다. 맞서 싸우고(가운뎃손가락도 올려서) 그 병이 앗아 간 일부를 돌려받을 수 있다.

나는 비영리 단체에 기부할 수 있다. 그들은 비록 적은 금액이라도 내 돈을 받아서 파킨슨병과 싸울 것이다. 현재 병을 앓고 있는 환자를 도울 것이다. 더 나은 치료를 위한 연구에 자금을 댈 것이다. 그리고 아마도 언젠가 치유법을 찾을 것이다. 그래서 파킨슨병이 절대 어느 누구도 그 끔찍한 길로 끌어내리지 못할 것이다.

패배에서 승리로 가는 데 내게 필요한 것은 얼마간 돈을 기부하는 것뿐이다. 너무 쉽다.

또 내가 클래식 음악이나 교육처럼 어머니에게 소중했던 대의를 추구할 때도 결실을 낳는다. 사실(그리고 여기가 놀라운 부분인데) 나를 후원하게 하는 대의가 무엇이든, 어머니와 아무 관련이 없는 것이라 해도, 나는 똑같이 긍정적인 효과를 얻는다. 기부는 기부인 것 같다. 분류도, 순위도, 제한도 없다.

기부는 어머니를 돌아오게 하거나 고통을 지울 수는 없지만, 나를 제자리로 돌아오게 한다. 나는 상처에서 벗어나고 있고 평정을 되찾고 있다. 더 현명하게, 덜 상심하게.

파킨슨병과 나의 만남은 특별하거나 이례적이지 않다. 모두가 이 상황에 직면한다. 여러분도 같은 처지다. 아직은 아니더라도 여러분이나 여러분과 가까운 누군가가 언젠가는 빠르거나 느린, 치명적이거나 그렇지 않은 어떤 종류의 공격에 놓이게 될 것이다. 여러분은 아주 깊이 상처를 입고 과연 견뎌낼 수 있을지 알고 싶을 것이다.

하지만 누구라도 기부의 기적을 받아들일 수 있다. 기부는 여러분의 비통함을 덜어주고 희망을 되살리며 고통의 원인과 분노와 위험과 고난을 마주할 힘을 줄 수 있다.

지혜롭든 어리석든, 학식이 있든 무지하든, 돈이 많든 가난하든, 종교를 믿든 믿지 않든 여러분은 기부할 수 있다. 기부는 어둠 속의 빛이고 폭풍 속의 구명조끼며 무덤 사이의 노래다.

모금가라면 기부할 기회를 제공할 때 기부자의 손에 놓아주는 힘을 절대 잊지 말라. 기부는 단지 금전적인 거래가 아니다.

그리고 기부를 받을 때 여러분이 기부자에게서 무언가를 가져오고 있다고 생각한다면, 여러분은 기부가 무엇이고 또 무슨 일을 하는지 핵심을 놓치고 있다.

나는 자신의 일을 부끄러워하는 듯한 모금가들을 알고 있다. 마치 그들이 견딜 수 없을 정도로 기부자를 재촉하고 있다는 듯 모금을 구걸이나 심지어 신용 사기와 동일시한다. 목적이 수단을 정당화하기 때문에 기부자에게서 돈을 받아도 된다는 안타까운 궤변 말고는 달리 변명할 말이 없다는 듯하다.

그런 식으로 느끼는 사람들은 아무도 기부자가 이 거래에서 무엇을 얻는지조차 주의 깊게 살피고 있지 않다.

기부는 의식을 고취한다

어떤 좋은 일에 기부하면 그 일에 더 관심이 가게 된다. 뉴스에 나오면 더 주의를 기울이게 된다. 마음에서 더 구체적이고 더 중요해진다. 그래서 다른 형태의 참여로 이어진다. 자원봉사, 공개적 지지, 전파 등.

세상을 의미 있는 방식으로 변하게 하고 싶다면 나는 그 첫걸음으로 자선 행위를 통해 사람들이 관심을 가지게 하는 것보다 더 나은 방법을 생각할 수 없다. 마음이 내켜 하지 않는 사람들의 머릿속에 새로운 사고방식을 주입하려고 노력하는 것보다 훨씬 더 효과적이다.

그 밖에도 연구에 따르면 기부자는 습득한 지갑 돌려주기, 복잡한 버스에서 어르신에게 자리 양보하기, 헌혈하기와 같은 여러 종류의 선행을 할 가능성이 굉장히 높다. 기부자는 비기부자보다 더 친절하며 더 인정이 많고 더 적극적이다. 사람들에게 기부하라고 요청하면 여러분은 그들에게 미덕의 습관을 북돋운다.

기부는 행복을 가져다준다

자선 기부는 식사와 섹스처럼 뇌의 쾌락 중추를 자극한다. 정말로 기부는 그만큼이나 근본적이다. 기부는 우리 존재의 핵심에 내재한다. 인간이라는 존재의 일부는 가진 것을 자유롭게 나누는 데 있다.

사회과학 연구에 따르면 기부자는 비기부자보다 '매우 행복하다고' 말할 가능성이 43퍼센트나 더 높다. 이 행복은 몇 가지 원인에서 온다.

▶ 사람들이 기부할 때 뇌에서 도파민과 함께 분비되고 문서로 충분히 입증된 이타주의의 '만족 심리'.

▶ 더 긍정적인 자아상. 기부자는 자신을 더 낫고 더 평정심을 가진 사람으로 여긴다. 기부자는 이렇게 말한다. "**어디에나 고통과 혼란이 있지만, 나는 태도를 확고히 하고 세상에 대해 무언가를 할 수 있**

어!" 의심할 여지 없이 같은 이유로, 기부자는 대체로 자신과 타인에게 리더로 인식된다.
- ▶ 균형 감각. 기부는 사람들이 받았던 것을 어느 정도 돌려주는 방식이기 때문이다. 우리는 모두 살면서 우리를 도왔던 많은 사람에게 빚을 지고 있다. 아마 그 빚을 다 갚지는 못하겠지만, 다른 누군가에게 도움을 줄 수 있다.

기부는 건강을 향상시킨다

아마도 이 모든 심리적 이점 덕분에 기부는 신체적 건강도 증진한다. 기부자는 비기부자보다 그들의 건강이 '더할 나위 없거나 매우 좋다고' 말할 가능성이 25퍼센트나 더 높다.

기부는 재정적으로 이득이다

여러분을 놀라게 할지도 모르는 기부에 관한 사실이 있다. 연구는 자선 기부가 3.75대 1의 투자 수익을 낸다고 밝히고 있다.

기부자는 궁극적으로 자선단체에 기부한 돈 1,000원마다 3,750원의 수익을 낸다. 주식시장을 능가한다! 인과관계를 밝힐 수는 없지만, 상관관계는 뚜렷하다. 자선단체에 기부하는 사람들은 결국 재정적으로 낫게 된다.

빠르게 부자가 되는 계획은 절대 아니지만 효과가 있다. 고대 성인들도 알고 있었다. 예수 그리스도는 말했다. "주라 그리하면 너희에게 줄 것이니 곧 후히 되어 누르고 흔들어 넘치도록 하여"(누가복음 6장 38절). 사도 바울은 **하나님은 즐겨 내는 자를 사랑하시느니라**라고(참고로 기부 요청에서) 썼다. 그는 기부자들이 더 높은 차원으로 들어 올려지는 특별한 형태의 은총을 받는다고 믿었다.

* * *

기부가 사회에 미치는 영향에 대해 잠시 생각해 보라. 기부가 자금을 제공하는 중요한 대의 때문만이 아니라, 기부가 권한을 부여하는 더 건강하고 더 행복하며 더 열심히 사는 기부자 시민 수백만 명 때문에도. 온 세상이 그 기부자들과 그들이 사는 방식 덕분에 더 나아진다. 자선 기부가 행해지지 않는다면 우리의 세상은 빛을 잃어가고 암울해지며 무너져 내리고 무자비해질 것이다. 히틀러와 같은 독재자가 더 많이 집권할 것이다. 간디와 같은 성인은 더 적게 나타날 것이다.

그리고 모금은 기부가 시작되는 곳이다.

나는 우리가 일하는 동안 가끔은 신발을 벗어 던지고, 가끔은 머리를 싸매야 한다고 생각한다. 일하는 동안 불러야 할 찬가나 응원가를 작곡해야 하는 일도 있을지 모른다.

하지만 모든 사람들이 각자 맡은 일을 하듯 우리가 하는 일만으로도 충분히 좋을 때가 더 많을 거라고 생각한다. 나는 우리가 세상을 변화시키는 강한 영향력의 한 부분인 것에 마음 깊이 감사한다. 모금가라서 자랑스럽다.